见义勇为行为是光荣的，见义勇为精神是不朽的，见义勇为事业是崇高的。

——摘自 2005 年 11 月 22 日习近平在浙江省见义勇为基金会成立十周年暨第十届见义勇为先进分子表彰大会上的讲话

天津市见义勇为

英雄谱

天津市见义勇为协会 / 编

天津出版传媒集团

天津人民出版社

图书在版编目（ＣＩＰ）数据

天津市见义勇为英雄谱/天津市见义勇为协会编
. -- 天津 : 天津人民出版社 , 2021.11
ISBN 978-7-201-17807-3

Ⅰ . ①天… Ⅱ . ①天… Ⅲ . ①精神文明建设 - 人物 -
先进事迹 - 天津 Ⅳ . ① K820.821

中国版本图书馆 CIP 数据核字 (2021) 第 230806 号

天津市见义勇为英雄谱
TIANJINSHI JIANYIYONGWEI YINGXIONG PU

出　　版　天津人民出版社
出 版 人　刘　庆
地　　址　天津市和平区西康路 35 号康岳大厦
邮政编码　300051
邮购电话　（022）23332469
电子信箱　reader@tjrmcbs.com

责任编辑　郑　玥
装帧设计　汤　磊

印　　刷　天津新华印务有限公司
经　　销　新华书店
开　　本　787 毫米 ×1092 毫米　1/16
印　　张　26.75
字　　数　130 千字
版次印次　2021 年 11 月第 1 版　2021 年 11 月第 1 次印刷
定　　价　108.00 元

编委会成员名单

序　言

　　"生，亦我所欲也；义，亦我所欲也。二者不可得兼，舍生而取义者也。"自古以来，无数仁人志士、义勇之士，为了社会正义和民族大业，舍己为人、舍生取义，用鲜血和生命铸就了中华民族的不屈脊梁和人间正气。一个有希望的民族不能没有英雄，一个有前途的国家不能没有先锋。习近平总书记强调，我们表彰见义勇为行为，就是要大力弘扬见义勇为精神，大力倡导见义勇为的社会风尚，使见义勇为成为人民群众的道德准则、行为原则、自发选择。在我们携手共圆中华民族伟大复兴中国梦的进程中，见义勇为已成为与时俱进的时代精神、历久弥新的道德风尚，是激励每一个中国人开启新征程、奋进新时代、实现新作为的强大精神动力。

　　天津是一座民风淳朴、英雄辈出的城市，见义勇为具有优良的文化传统和深厚的群众基础。天津市委、市政府高度重视见义勇为工作，于1992年成立天津市见义勇为协会，积极构建党委领导、政府负责、部门协同、社会参与的三级见义勇为工作机制，实施修订《天津市见义勇为人员奖励和保护条例》，连续18年举办"津城百姓英雄"评选活动，见义勇为工作法治化、制度化、规范化水平不断提升。天津市见义勇为协会多次被评为"全国见义勇为工作先进单位"，被授予首个全国省级见义勇为工作单位"功誉牌"，连续10届荣获"全国见义勇为英雄司机评选活动"城市奖和组织奖,有力推动了全市见义勇为工作深入开展,使见义勇为精神在全市蔚然成风,涌现出了一大批为保护国家、集体利益以及他人人身、财产安全,奋不顾身与违法犯罪行为做斗争和抢险救灾的见义勇为英雄。全市先后有36人被授予国家级见义勇为荣誉称号,311人被分别授予天津市见义勇为模范、先进个人荣誉称号,57个集体被授予天津市见义勇为先进集体……这些津城百姓英雄为全社会做出了表率、树立了榜样。

在"两个一百年"的历史交汇点,在中国共产党迎来百年华诞之际,天津市见义勇为协会专题编辑《天津市见义勇为英雄谱》,精心摘选、真实记录1988年至2020年荣获全国及天津市级荣誉的517名见义勇为人员先进事迹,旨在弘扬社会正气、提升民族精神,在全社会汇聚起携手奋进、戮力攻坚的强大正能量。希望广大读者以英雄模范为榜样,学习他们无畏的英雄气概、高尚的精神品格,树立正确价值取向,更加紧密地团结在以习近平同志为核心的党中央周围,坚定正确前进方向,积极践行社会主义价值观,大力弘扬见义勇为精神,争做见义勇为英雄,为建设社会主义现代化大都市、实现中华民族伟大复兴的"中国梦"凝聚起更加强大的磅礴力量!

本书编委会

2021年8月

贾春旺同志接见见义勇为人员代表

贾春旺同志为见义勇为获奖人员颁奖

李顺桃同志为见义勇为获奖人员颁奖

散襄军同志为见义勇为获奖人员颁奖

赵飞同志为见义勇为获奖人员颁奖

董家禄同志为见义勇为获奖人员颁奖

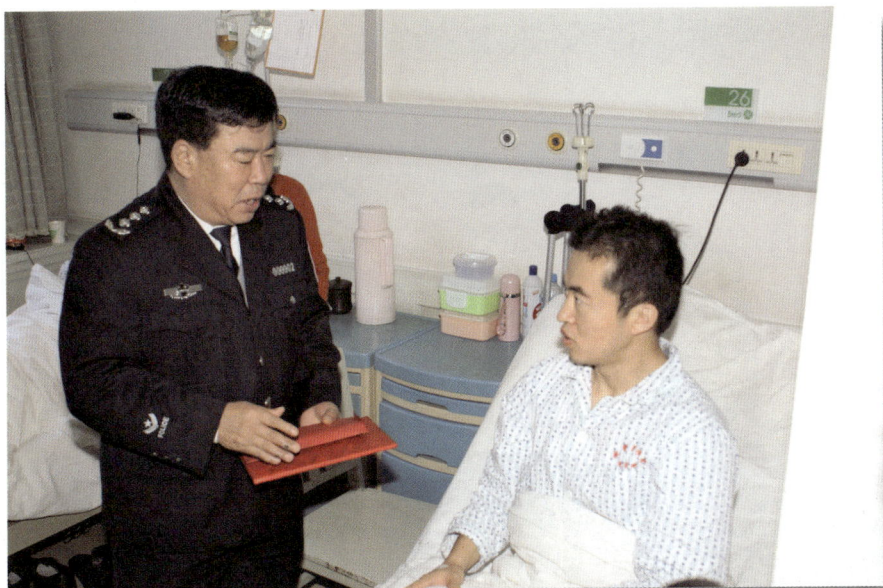

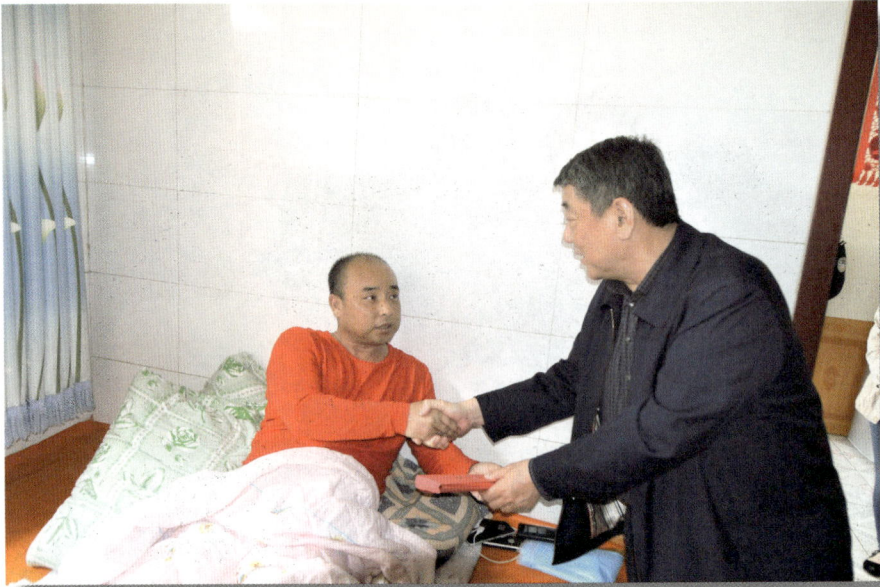

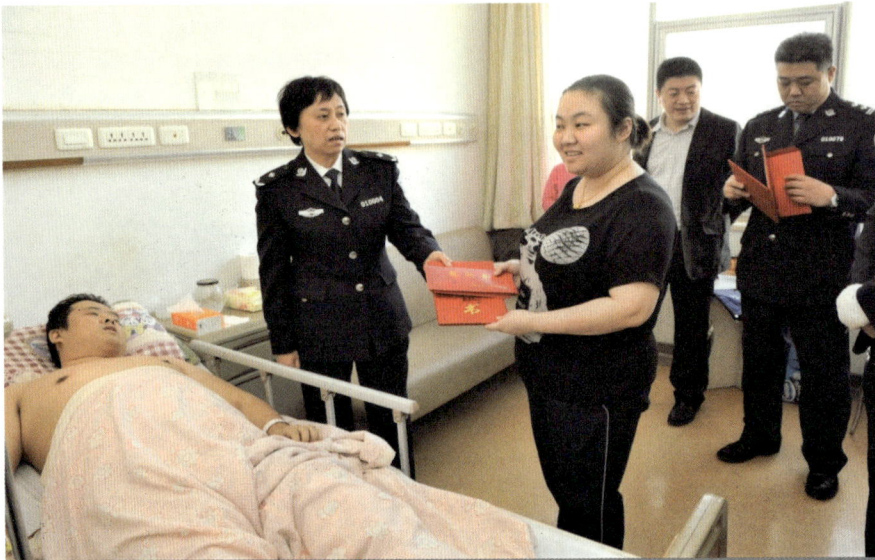

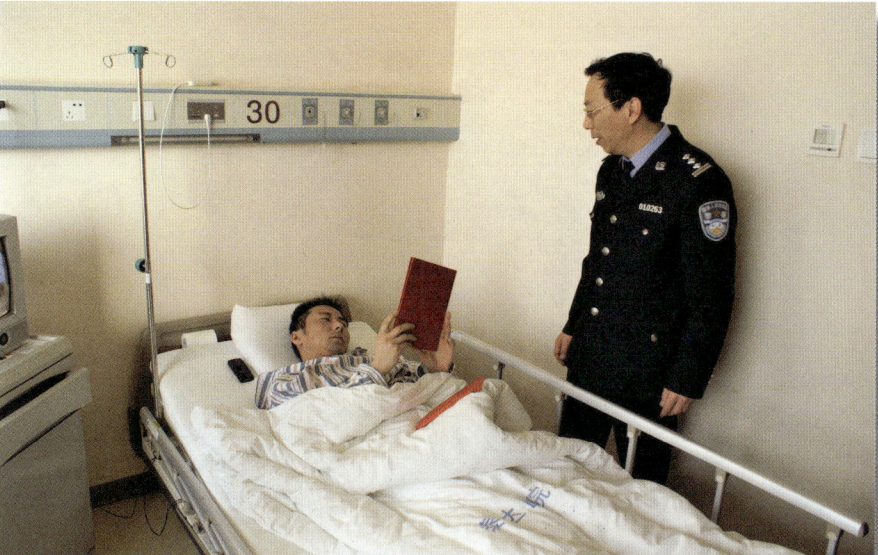

目录
CONTENT

吕福全	64	李建磊	83
尹顺利	64	张天龙	84
孟吉民	65	李福临	84
穆瑞忠	66	李伟	84
孙志伟	67	钟有军	84
吴广学	68	黄铭军	85
徐万遵	69	刘国斌	86
徐伟	70	王连仲	86
许青	71	张九居	86
陈满意	72	李长钧	86
张明	73	刘建彪	88
马秀建	74	刘英明	89
谢志畅	74	刘焕成	89

• **2006 年**

		李海营	89
		李海龙	89
边志刚	75	马毅	90
陈希月	76	赵志立	90
董加祥	77	荣长生	91
赵强	77	王德起	92
王小平	77	杨宝柱	93
樊云明	79	岳星	94
黄树喜	80	张文华	95
李继梁	81	高永成	95
王春柱	81	陈敏	96
李继原	82	赵宝良	97

■ 1988 年

◉ 陈从文

男，1944 年生人，天津市和平区人，生前系天津市外贸畜产皮毛工人。

1989 年荣获"天津市治安模范"荣誉称号，1990 年荣获第二届"全国见义勇为先进分子"荣誉称号。

主要事迹

1988 年 12 月 27 日 2 时许，陈从文被呼救声惊醒，立即起身打开后窗查看，见路灯下一名男子正趴在一名倒地挣扎的妇女身上，动手扒其衣服。陈从文立即抄起一把墩布冲出门外，朝该歹徒肩膀、头部猛击数下。歹徒遂起身逃跑，陈从文手提墩布进行追赶，行至和平区哈密道哈密里附近时，遇公安和平分局民警巡逻，三人奋力追赶，将歹徒抓获。

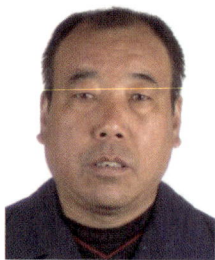

◉ 刘洪才

男，1955 年生人，天津市河北区人，天津市铜带厂工人。

1988 年荣获"河北区治安模范""天津市治安模范""全国见义勇为先进分子"荣誉称号。

◉ 刘洪发

男，1956 年生人，天津市河北区人，生前系天津市第二纸制品厂工人。

1988 年荣获"河北区治安模范""天津市治安模范""全国见义勇为先进分子"荣誉称号，被评定为烈士。

主要事迹

1988 年 3 月 27 日 22 时许，海兆志、张洪林、邱树国三人酒后骑自行车，行至天津市河北区小王庄大街津浦铁路桥涵下，将一骑自行车女青年挤倒，海兆志等人对该女青年谩骂、侮辱，引起了二十多人围观，但无人敢管。路过现场的刘洪才、刘洪发兄弟二人见状上前制止。海兆志掏出随身携带的水果刀，猛刺刘洪才胯部一刀，刘洪才受伤倒地。随后，刘洪发在与海兆志搏斗中，被另一名犯罪嫌疑人抱住，海兆志乘机向刘洪发腿部、肋部、头部猛捅三刀。刘洪发因伤势严重抢救无效，不幸壮烈牺牲。海兆志等 3 名歹徒被天津市公安机关抓获，受到应有的惩罚。

◐ 杨连幸

男，1951 年生人，天津市宁河区人，生前系天津市宁河县丰台供销社职工。

1988 年荣获"天津市见义勇为先进分子"荣誉称号。

主要事迹

1988 年 4 月 17 日凌晨，因停电，天津市宁河县丰台供销社大院一片漆黑。1 时许，正在值夜班的职工杨连幸突然听到屋内有响动，便大喝一声"谁"。话音未落，只见一个身影闪动，一条长长的铁链锁猛地朝他头部砸来，顿时血流满面，头晕目眩。歹徒趁杨连幸受伤之际窜向屋外。杨连幸不顾剧烈的疼痛，抹了把脸上的鲜血，一跃追出屋外。歹徒又用铁链锁猛击杨连幸的腿部，打伤多处，企图翻墙逃走。杨连幸的衣裤都被鲜血浸透，但还是忍痛追到围墙下面，死死抱住歹徒的双腿，用力往下拽。歹徒又抢起铁链锁抽打杨连幸，杨连幸一边死死抱住歹徒，一边用尽力气高喊"来人哪，抓坏人呀"。正在附近巡逻的王宝龙、马万顺闻声而至，合力将歹徒抓了下来，扭送到公安机关。经查，该歹徒刚从外地流窜至天津市宁河县作案便被杨连幸抓获。

■ 1989 年

◐ 韩砚明

男，1955 年生人，天津市河北区人，北京铁路局天津客运段职工。

1990 年荣获"天津市治安模范"、第二届"全国见义勇为先进分子"荣誉称号，同年被天津市总工会授予"七五"立功奖章。

主要事迹

1989 年 12 月 6 日 9 时许，韩砚明骑三轮车准备接母亲去医院看病，刚出院门便遇到公安民警和联防队员搜查盗窃犯罪嫌疑人，并示意韩砚明在大门口等会儿。正当公安民警和联防队员在大院内搜寻时，韩砚明发现一男子从院墙跳下往门口跑来，其后有戴袖标的联防队员追赶，并高喊"抓住他"。韩砚明迅速冲上前去将该男子拦腰抱住，并扭打起来，该男子掏出刀子将韩砚明右腹部捅伤，韩砚明继续与之搏斗，直至民警和联防队员赶到才共同将案犯制服。这时韩砚明才发觉自己负伤，鲜血已染红了衣裤。

1990 年

◉ 冯树茂

　　男，1924 年生人，天津市和平区人，生前系天津医疗器械厂退休工人，公安和平分局联防队员。

　　1992 年荣获第三届"全国见义勇为先进分子"荣誉称号，1993 年荣获"天津市治安模范"荣誉称号。

主要事迹

　　1990 年 11 月 27 日 14 时许，冯树茂在天津市和平区劝业场附近巡逻时发现两名外地男青年形迹可疑，随即跟踪至天津鞋店。在其中一名男子扒窃一女青年财物时，冯树茂立即冲上前去，将其抓获。该名歹徒挣脱未果后，另一歹徒掏出尖刀，朝冯树茂连捅三刀，致冯树茂右背部、右肘部、左大腿三处刀伤。冯树茂忍着剧痛与两名歹徒顽强搏斗，在其他联防队员配合下，将两名歹徒抓获。

■ 1992 年

◑ 王贵昌

男，1945 年生人，天津市津南区人，天津市津南区小站镇粮油店职工。

1992 年荣获第三届"全国见义勇为先进分子"荣誉称号，1993 年荣获"天津市治安模范"荣誉称号。

主要事迹

1992 年 1 月 29 日 4 时许，在单位值夜班的王贵昌突然听到有细小的声响，他立刻起身查看，只见一个黑影已蹿到了他的床前，一把尖刀顶在了胸前。歹徒低声威胁他说："不要动，动就捅死你！"见王贵昌没有反抗，就转身用撬棍撬办公桌抽屉。他趁着歹徒专心撬抽屉，从床上一跃而起扑了过去。歹徒听到声响，转身挥刀便砍，王贵昌一把将刀子抓住，鲜血顿时流了下来。在搏斗中，王贵昌的鼻子被砍伤。几个回合之后，王贵昌瞅准时机一拳打在歹徒的太阳穴上，歹徒痛得晕了过去。王贵昌强忍疼痛冲出门外，喊来周边单位的值班守夜人员帮忙，欲将歹徒用绳索缚住，歹徒突然醒过来，发了疯似的抄起屋子里的铁棍以武力威胁王贵昌，一番僵持之后歹徒跳墙逃跑。细心的王贵昌仔细地检查了粮店附近的情况，发现大门口停有一辆疑似歹徒遗落的自行车，忙把它推进院里。随后拨打了 110 报警，民警根据自行车线索，在当天即将该歹徒抓获。

● 王琳莲

　　女，1954 年生人，中共党员，天津市河北区人，天津市河北区饮食公司职工。

　　1992 年被天津市总工会授予"八五"立功奖章荣誉称号；1993 年被天津市河北区委、河北区人民政府授予"优秀共产党员"荣誉称号；1993 年被中华全国总工会授予"全国先进女职工"称号；1993 年被天津市委商业工作委员会评为"天津市商业系统优秀共产党员"；1993 年被中华全国妇女联合会授予"全国三八红旗手"称号，被中共中央宣传部、公安部授予"全国人民群众见义勇为与犯罪分子作斗争先进分子"称号；1993 年被天津市人民政府授予"天津市治安模范"荣誉称号。

主要事迹

　　1992 年 12 月 2 日 14 时许，停薪留职人员张景武闯入河北区饮食公司十月基层店，突然从怀中掏出早已准备好的菜刀，恶狠狠地朝毫无防备的王某某头上砍去，毫无防备的王某某当即倒在血泊之中。此时，与王某某坐对桌的王琳莲毫不犹豫，奋不顾身地冲向歹徒，赤手去夺歹徒的菜刀。她右手一把攥在刀刃上，歹徒见状急忙抽刀。王琳莲顿时鲜血淋淋，但她忍着剧痛，与歹徒搏斗，并身中 7 刀。后歹徒被公安民警抓获。

■ 1994 年

◉ 程殿一

男，1940 年生人，天津市北辰区人，天津市第二玻璃厂职工。

1994 年荣获"天津市治安模范""全国见义勇为先进分子"荣誉称号。

主要事迹

1994 年 6 月 30 日 1 时许，家住天津市北辰区果园新村的程殿一，正准备休息，听到有人喊"有流氓、抓坏蛋"，他急忙跑出屋，看到不远处有一人正奋力追赶着前面的人，忙冲他喊了一声"是他吗？"那人气喘吁吁地回答"是"，程殿一立刻追上前去。追进小区楼栋里时，逃跑的歹徒却不见了。程殿一在附近绕了一圈儿，发现有人隐藏在汽车下面，他毫不犹豫上前搏斗并大声呼喊他人帮助。在搏斗过程中，歹徒抓伤他的阴部，造成阴囊撕裂，右侧睾丸露出。程殿一忍住剧痛，仍然紧紧抓住歹徒不放，最终该名歹徒被赶来的公安民警和群众控制住。程殿一被民警送往医院，住院治疗长达 50 余天。

◑ 郑合盛

男，1958 年生人，中共党员，天津市南开区人，天津市曼伯特贸易公司职工。

1995 年荣获"天津市治安模范""全国见义勇为先进分子"荣誉称号。

主要事迹

1994 年 7 月 12 日 24 时许，天降大雨，郑合盛在家中刚要睡去，猛然听到楼下有妇女的呼救声，郑合盛顾不得多想，连忙穿上衣服，拿了雨伞，边系衣扣，边冲下楼去。他循声跑到楼门前，见一男子正趴在一名妇女身上，妇女则边喊救命边挣扎。郑合盛大喊一声"干什么的？！"随即上前将该男子抓起并与其扭打在一起。在扭打过程中，被害妇女吓晕了过去。郑合盛在孤立无援的情况下，紧紧抓住歹徒不放，奋不顾身地与歹徒搏斗，他的眼镜被打碎，衣服被撕破，最终将歹徒制服，并扭送到公安机关。

■ 1996 年

◑ 李元林

男，1967 年生人，中共党员，天津市北辰区人。

1997 年荣获"天津市治安模范"、第五届"全国见义勇为先进分子"荣誉称号。

主要事迹

1996 年 4 月 27 日 11 时许，北辰区双口镇村民张某某，手持板斧闯入赵某某家中，将赵某某夫妻二人砍死后，又迅速前往王某某家，抢起板斧朝王某某夫妻二人头部乱砍。王妻在头部、身上被砍数斧后，奋力爬出屋外大声呼喊救命。张某某又手持板斧追至门外，与闻声赶来的李元林撞上，他边回头向屋内跑，边狂叫："李元林，咱俩没怨没仇我不会伤你，你不要管，我今天把我的仇人要全部杀掉。"回屋后，张某某又持板斧向奄奄一息的王某某砍去，李元林毫不迟疑地扑向张某某，并将其摁倒在地。在搏斗中，李元林夺下了张某某手中的板斧，用力扔到了房顶上，又与扑过来的张某某厮打起来。张某某咬住李元林的胳膊，并抄起大酒精瓶砸在李元林的后脑上。李元林当即倒下，失去知觉，张某某趁机逃离了现场。李元林苏醒后骑着摩托车向张某某追去，当追到离张家 300 米的地方截住了张某某，他扔下摩托车又与张某某展开了第二次生死搏斗。就在此时，接到报警的民警及群众赶到了现场，大家一起将张某某制服。

◐ 杨宝恩

男，1955 年生人，天津市蓟州区人，天津市蓟县别山镇经纬加油站职工。

1997 年荣获"天津市治安模范"、第五届"全国见义勇为先进分子"荣誉称号。

主要事迹

1996 年 1 月 12 日 0 时 30 分，正值隆冬时节，刮着西北风，蓟县别山镇经纬加油站站长杨宝恩正在和三名员工值夜班，值班室的房门突然被踹开，三名持枪歹徒闯了进来，控制了在场的所有人。其中一名歹徒拿枪威胁杨宝恩，让他交出加油站的现金。杨宝恩面对乌黑的枪口，很快镇定下来，一边假装拿钥匙，一边看准时机，趁歹徒分神，猛然打落歹徒的枪，并与之展开殊死搏斗，其他员工也奋起反抗。歹徒穷凶极恶，在搏斗中杨宝恩身受重伤，但他忍住剧痛，最终和同事一起抓获了三名歹徒。

■ 1997 年

● 刘宝香

女，1963 年生人，天津市和平区人。

1997 年荣获"天津市治安模范"、第五届"全国见义勇为先进分子"荣誉称号，被评定为革命烈士。

主要事迹

1997 年 4 月 3 日下午，家住和平区的居民刘宝香带女儿李煜坤（现名李美佳）外出购物回家，正在她打开单元门准备进屋时，门后隐藏的一男青年突然紧紧搂住刘宝香的脖子，并用匕首顶住刘宝香的胸部，凶狠地说："不许说话，否则就捅死你。"见母亲被持刀歹徒威逼，年仅 10 岁的李煜坤机警地跑到 3 楼向邻居马聘求救报警。面对威胁，刘宝香镇定自若，与歹徒进行周旋。歹徒将刘宝香挟持到厕所，并将其反锁在内，歹徒随即返回邻居李林家，拎起装着价值 2000 余元赃物的提包拔腿向门外冲。这时，刘宝香用力推开厕所门冲出来，并大声呼喊"抓小偷"。歹徒凶狠地向刘宝香扑去，并用匕首朝她腹部、胸部连捅 22 刀。刘宝香毫不畏惧，赤手空拳与歹徒搏斗，在被捅伤的情况下，仍死死抓住歹徒不放，从 5 楼厮打到 1 楼，侵染 69 级台阶。最后夺下歹徒的匕首倒在血泊之中，终因失血过多昏倒在一楼楼道内。后公安机关在群众的全力协助下，将歹徒抓获。刘宝香同志因伤势过重，经抢救无效不幸壮烈牺牲。

1999 年

◑ 孟繁州

男，1964 年生人，天津市红桥区人，天津市钢绞线厂检验科工人。

1999 年荣获"天津市见义勇为模范"、第六届"全国见义勇为先进分子"荣誉称号。

主要事迹

1999 年 4 月 23 日 20 时许，孟繁州在天津市南开区长虹公园散步时，忽然听到有人喊"救命"，他立刻循声跑去，见有六名歹徒围殴一名男青年，男青年已被打得满脸是血。孟繁州见状高声吓斥，六名歹徒四处逃窜。孟繁州忙问男青年被打原因，获知男青年女朋友的皮包被歹徒抢走，便立即进行追赶。孟繁州追出 50 多米，抓住其中一个歹徒的裤腰带。该歹徒挣断腰带后，用皮带扣将其头部打伤。孟繁州不顾伤痛，拦腰搂住歹徒不放，又发现歹徒随身携带了砍刀，连忙一把夺过砍刀扔进草丛。经过一番搏斗，最终将歹徒抓获。随后，孟繁州又与被害人顾某及其女友将歹徒扭送到附近的长虹派出所，还主动带领民警前去现场勘查寻找物证。孟繁州在与歹徒搏斗中，除头部受伤外，其右肋第十、十一、十三肋骨也受伤骨折。

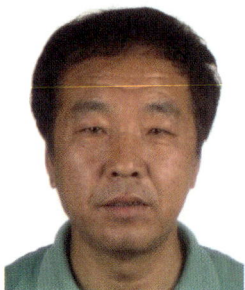

◎ 宋玉山

男，1959年生人，天津市河西区人，天津市轧钢一厂职工。

1999年荣获"天津市治安模范"、第六届"全国见义勇为先进分子"荣誉称号。

主要事迹

1999年9月20日18时许，外环线侯台检查站民警在盘查一辆可疑车辆时，车上四人见势不妙，跳车逃窜。其中三人被民警抓获，另一人在逃跑中拦下宋玉山驾驶的出租车，并坐在副驾驶的位置上。不明真相的宋玉山开车不久后，发现车后有警车追赶并鸣笛示警。此时该歹徒抽出匕首，架在宋玉山的脖子上，并威胁他继续驾车前行。宋玉山毫不畏惧，用左手死死抓住匕首刀刃，并强忍剧痛协助公安民警将歹徒抓获。

◉ 王建国

男，1970 年生人，天津市宝坻区人，天津市宝坻区棉纺一厂下岗工人。

1999 年荣获"天津市治安模范"、第六届"全国见义勇为先进分子"荣誉称号。

主要事迹

1999 年 6 月 22 日 0 时许，王建国与杜志军、纪刚在厂区巡逻时，发现一蒙面人。王建国立刻冲上前去，与其进行搏斗。蒙面人夺路而逃，王建国紧追不舍，将其追到了厂外的臭水沟内。在漆黑的夜幕下，王建国不顾个人安危，也跳进了臭水沟与蒙面人再次厮打起来，后来在同事杜志军、纪刚的配合下将蒙面人抓获，并移交当地公安机关。后经公安机关审理查明，蒙面人刘某某在蓟县、宝坻等地犯强奸案件数十起，手段凶残，影响极其恶劣。

■ 2000 年

● 窦洪栋

男，1973 年生人，中共党员，天津市滨海新区人，天津市大港区太平村供电所职工。

2001 年荣获"天津市治安模范"、第七届"全国见义勇为先进分子"荣誉称号。

主要事迹

2000 年 8 月 29 日上午，窦庄子村一村民回家时，发现有人正在其家中行窃，遂大声呼喊抓小偷。恰好窦洪栋路过，就立刻跑了过来，看见小偷正向村北方向逃跑，窦洪栋便跟在后面紧紧追赶。该男子逃到村北的一条河边，见无路可逃，就转身威胁窦洪栋说："别多管闲事，你再追我就弄死你。"窦洪栋毫不畏惧，上前抓住小偷的左胳膊，三下五除二就将小偷控制住。在押着小偷回村的路上，小偷趁窦洪栋不备，跳进污水河中企图逃窜，窦洪栋又奋不顾身跳入河中继续追赶。两人在河中厮打起来，窦洪栋不慎灌了几口污水，难闻的气味呛得他几近昏厥，但他仍顽强地与小偷搏斗，并趁小偷爬上岸倒在河滩上喘息的机会，铆足力气游上岸，将小偷扑在身下。此时，小偷哀求窦洪栋网开一面将其放掉，并承诺给窦洪栋好处费，但窦洪栋不为所动，一直继续牢牢控制着小偷，坚持到失主带着警察赶到。

◑ 王英

男，1949年生人，中共党员，天津市宝坻区人，公安宝坻分局大白庄派出所辅警。

2001年荣获"天津市治安模范"、第七届"全国见义勇为先进分子"荣誉称号。

主要事迹

2000年9月7日上午，王英路过天津市宝坻区大白庄镇大杨庄桥西侧东兴小吃店，看见大白庄派出所民警正在店内对两个人进行盘查，其中一人拒绝检查伺机逃跑未成，又拿起案板上的菜刀进行反抗。王英立刻冲上前去与其搏斗。搏斗中王英手部、面部多处受伤，但他忍住伤痛，与歹徒斗争到底，最终与民警一起将歹徒制服。

⊙ 杨广

男，1965 年生人，天津市南开区人。

2001 年荣获"天津市治安模范"、第七届"全国见义勇为先进分子"荣誉称号。

主要事迹

2000 年 12 月 8 日 9 时许，杨广驾驶出租汽车在天津市和平区新兴路与四平道交口等红灯，遇一名男子强拉车门搭乘他的出租车去引河桥。杨广回头时发现对方鞋上有血迹，怀里好像揣着东西。在行驶途中，杨广听到该男子自言自语，不时嘟囔说家里养鸽子，邻居不让养，就把鸽子脑袋揪下来了。这更引起了杨广的警觉。出租车开到下朱庄地道口，杨广看见几名路检人员，立刻将车停靠路边，迅速告诉路检人员车上有可疑男子，怀里揣着东西。几名路检人员围住车辆，将乘车男子控制住，从其怀中搜出一把斧子。杨广遂借路检人员手机拨打 110 报警。

经查，该男子当天早晨与邻居高某因房屋买卖价格发生争执，用斧子将高某砍伤，后又将为高某装修的张某某叫到家中砍死，欲搭乘出租车逃窜。因杨广及时报警，犯罪嫌疑人郭某被抓获。

2002 年

◑ 安鸿育

男，1964 年生人，天津市河西区人。

2003 年荣获"天津市见义勇为先进个人"荣誉称号。

主要事迹

2002 年 12 月，从事修锁服务的安鸿育得知，公安机关正在寻找的一名犯罪嫌疑人曾到其店修过锁的情况后，主动要求协助公安机关抓获该人。12 月 28 日，该犯罪嫌疑人来到修锁店，安鸿育在稳住对方的同时报警，在犯罪嫌疑人察觉报警准备逃跑时，安鸿育勇敢地与其搏斗并将其抓获，移交给赶来的公安民警。

●车广华

男，1961 年生人，山东省人，生前系天津石
化公司化纤厂职工。

2002 年荣获"天津市见义勇为模范"称号，
被评定为烈士。

主要事迹

2002 年 7 月 26 日下午，天津石化公司化纤厂职工车广华、王学祥及
王学祥的儿子王业斌等一行六人，到大港电厂水工车间旁的海边乘凉。王
业斌在玩耍中不慎落入海中的深水区，车广华毫不犹豫地跳入海中，与王
学祥一起抢救王业斌。在接连呛水、体力不支的情况下，车广华始终紧紧
抓住王业斌的胳膊，奋力游向岸边。在周围群众和大港电厂职工的帮助下，
王业斌终于得救。车广华被众人拉上岸后，由于呛水时间过长，经抢救无
效英勇牺牲。

◐ 陈虎

男，1948 年生人，天津市红桥区人。

2003 年荣获"天津市见义勇为先进个人"荣誉称号，2008 年被评为"津门见义勇为十大勇士"。

主要事迹

2002 年 10 月 15 日 15 时，陈虎在南开区染化六厂桥附近，遇见一名女童正在河中挣扎，他毫不犹豫地跳入河中，将女童救上岸。上岸后人们才发现，陈虎的右半个身子不听使唤，右腿和右手都无力抬起，原来他是一位脑血栓后遗症患者。而且这也不是陈虎第一次救人了，2001 年夏天，他就曾在津河中救出一名男童。

❶ 陈同军

男，1978年生人，天津市东丽区人。

2003年荣获"天津市见义勇为先进个人"荣誉称号。

主要事迹

2002年9月12日21时许，陈同军在天津市河北区金钟河大街乐购超市麦当劳门前便道上，发现不远处一男子正趁人不备将一女子放在车筐内的书包偷走，他连忙上前制止，该男子随后向民权门方向逃跑。陈同军追赶上去一把抱住男子，男子扔掉书包，掏出了随身携带的弹簧刀，对陈同军进行威胁。陈同军毫不畏惧不肯松手，双方扭打在一起。此时，陈同军朋友吴维强也赶了过来，男子又朝吴维强挥刀乱划。陈同军趁其不备将歹徒手中的弹簧刀一把抓住，最终和吴维强一起将男子制服。陈同军在搏斗过程中被砍伤（伤口长约4厘米）。

◐ 卢鑫

男，1978 年生人，天津市宝坻区人，天津市宝坻区科技局工作人员。

2003 年荣获"天津市见义勇为先进个人"荣誉称号。

主要事迹

2002 年 9 月 20 日 21 时，天津市宝坻区大口屯镇发生一起持刀抢劫出租车案件。卢鑫通过有线广播听到公安机关通报犯罪嫌疑人曹某的特征。当晚，卢鑫送客人到大口屯镇返回时，发现路边一人特征与被通缉的曹某一致，便追了上去。此人正是犯罪嫌疑人曹某，他见卢鑫紧追不放，遂掏出随身携带的菜刀对卢鑫进行威胁。卢鑫猛冲上去，凭借在部队练就的擒拿本领将曹某掀翻在地制服，并报告公安机关，最终曹某被抓获归案。

❶ 唐德泉

男，1953 年生人，天津市静海区人，出租车司机。

2003 年荣获"天津市见义勇为先进个人"荣誉称号。

主要事迹

2002 年 11 月 7 日早晨，静海县唐官屯国税所门口，一名神色慌张的男子搭乘唐德泉的出租车下车时，该男子掏出一部手机用以抵做车费，唐德泉发现那部手机上血迹斑斑，立即意识到此人有问题。他机智地向公安机关报告，并在该男子企图逃跑时用身体死死地将车门顶住，为民警抓住歹徒赢得了时间。经审查，该男子系特大杀人、抢劫案的网上逃犯，此前连杀三人抢劫财物后外逃。

◑ 王成仁

　　男，1959年生人，天津市河北区人，天津市鹏昇达物流公司值班员。

　　2003年荣获"天津市见义勇为模范"荣誉称号，2004年被评为"津城百姓英雄"。

主要事迹

　　2002年12月28日4时许，六名窃贼潜入坐落在武清区下朱庄的鹏达贸易公司实施盗窃。当他们动手撬财务室门时，值班的王成仁听到声音，他一边打电话报警，一边冲出门外。歹徒发现他后，一拥而上，威胁他别管闲事，王成仁大义凛然，怒斥歹徒，与歹徒展开殊死搏斗，被歹徒用钢棍打伤头部和左腿。由于王成仁不屈不挠的斗争，歹徒仓皇逃窜，国家财产得以保护。最终公安机关在王成仁的协助下，将这个专门撬盗保险柜的犯罪团伙抓获。

⦿ 姚丙于

男，1960 年生人，中共党员，天津市静海区人，天津市静海县子牙镇治安联防大队队长。

2003 年荣获"天津市见义勇为模范"荣誉称号，2004 年被评为"津城百姓英雄"。

主要事迹

2002 年 4 月 9 日 7 时许，静海县子牙派出所接到群众报警，子牙村村民元哲富因与同村邢某某有矛盾，在子牙桥东拦住邢某某的大客车，准备炸毁大客车以泄私愤。接报后，时任子牙镇治安联防大队队长的姚丙于跟随子牙派出所民警出警。到达现场时，元哲富正手持六枚捆在一起的自制手榴弹堵在大客车车门处准备炸毁大客车。当时，车上有数十名乘客，元哲富手持的手榴弹威力巨大，一旦引爆势必造成重大人员伤亡，后果不堪设想。元哲富看到民警后情绪愈加激动，将引线放到另一只手，随时可以将手榴弹引爆，情况万分危急。姚丙于想必须将元哲富手中的手榴弹抢到手，才能保证车上群众的安全，遂趁民警对元哲富做思想工作的时机，趁其不备奋不顾身冲上前去，一把从元哲富手中抢过手榴弹，并且协助民警将元哲富抓获。

◑ 张凤武

男，1956 年生人，天津市和平区人。

2003 年荣获"天津市见义勇为先进个人"荣誉称号。

主要事迹

2002 年 10 月 19 日 10 时许，11 岁的男童杜某在南开区复康路津河边玩耍时不慎落入河中。正在附近钓鱼的张凤武见状连忙跳入河中，在群众的协助下将杜某救上岸。民警赶到后收拾散落在地上的物品时，发现了一张湿漉漉的检验报告，由此得知张凤武是一名肺癌患者。

◑ 周之东

男，1977 年生人，天津市宝坻区人。

2003 年荣获"天津市见义勇为模范"荣誉称号，2004 年被评为"津城百姓英雄"。

主要事迹

2002 年 3 月 18 日上午，周之东在乘坐到宝坻区大口屯镇的公共汽车上，发现由五人组成的一团伙以"易拉罐中奖"的方式骗钱。他挺身而出戳穿骗局，对违法犯罪行为进行制止，其中一名骗子恼羞成怒用刀将周之东扎伤。周之东身中五刀，其中一刀距离心脏只有一厘米，他在被刺伤的情况下仍然与歹徒搏斗，并追赶逃跑的犯罪嫌疑人。最终与赶来的民警一起将歹徒抓获。

2003 年

● 兰庆生

男，1953 年生人，天津市武清区人，个体户经营。

2003 年荣获"天津市见义勇为先进个人"荣誉称号。

主要事迹

2003 年 5 月 30 日下午，一失主到武清区上马台派出所报案，称装有 3.4 万元现金的皮包被盗，盗窃人丁某可能就在附近。公安机关立即发动群众围堵丁某。兰庆生主动请战，他从下午一直搜寻到晚上 8 点多钟，终于发现了丁某。兰庆生机智地与丁某套近乎，并用摩托车带着丁某走。到了派出所附近时，丁某有所察觉并对兰庆生说："这些钱都给你，放我走吧！"兰庆生坚决拒绝。丁某见状遂跳车逃跑，兰庆生连忙将其抱住，两人扭打起来。闻讯赶来的民警将丁某抓获，并缴获了全部赃款。

❶ 李恩永

男，1962年生人，群众，天津市蓟州区人。

2003年荣获"全国见义勇为先进分子提名奖"荣誉称号；2004年荣获"天津市见义勇为模范"荣誉称号，同年被评为"津城百姓英雄"；2008年被评为"津门见义勇为十大勇士"，被评定为烈士。

主要事迹

2003年8月5日凌晨2时许，天津蓟县侯家营镇李恩桥一家都在熟睡，突然，一个黑影翻过李家院墙，直奔正房挑开门帘，从怀中抽出牛角刀，对准女主人何某的脖子猛砍一刀。何某因剧痛惊醒，一边拼命向屋外跑，一边大声呼喊邻居李恩永："老哥，救命啊！"奄奄一息的何某刚打开大门，又被歹徒一把拽了回来，连刺数刀，倒在血泊之中。何某13岁的女儿也没能逃脱魔掌。

此时听到受害人呼救的李恩永，毫不犹豫翻过院墙，赤手空拳与歹徒展开搏斗。搏斗中，李恩永的腹部被歹徒用刀刺伤，但仍顽强地忍着剧痛，抄起一把铁锹击中歹徒的面部，但李恩永颈部也被穷凶极恶的歹徒刺中。最终，李恩永身中五刀因伤势过重，体力不支当场牺牲。

● 李嘉洪

男，1946 年生人，天津市红桥区人。

2003 年荣获"天津市见义勇为先进个人"荣
誉称号。

主要事迹

2003 年 10 月 29 日 9 时许，犯罪嫌疑人张某逃窜至天津市红桥区邵公
庄，潜入居民家中行窃时被其邻居李嘉洪发现。李嘉洪奋不顾身上前抓住
张某，张某从怀中掏出铁錾子向李嘉洪的左肩胛骨、臀部连捅三下，李嘉
洪仍紧紧抱住张某不放，张某又用院内的斧头砍向李嘉洪的头部，造成其
颅骨骨折。最终张某被赶到现场的民警抓获。

◑ 刘媛

女，1981 年生人，天津市南开区人，天津市滨江商厦专柜店员。

2003 年荣获"天津市见义勇为先进个人"荣誉称号。

主要事迹

2003 年 9 月 14 日 13 时许，顾客刘某在滨江商厦某品牌专柜买鞋，她放在柜台上的背包被一名男子窃走，刘某及时发现，一边追，一边呼喊求助。此时，另一专柜店员刘媛毫不犹豫地迅速扑向正在逃跑的窃贼，并紧紧地将其抓住，与刘某一起将窃贼扭送至公安机关。

◑ 宋敬友

男，1970 年生人，天津市静海区人。

2003 年荣获"天津市见义勇为先进个人"荣誉称号。

主要事迹

2003 年 2 月 6 日 23 时许，宋敬友听到邻居陈某家院内有响动，遂抄起一根扁担跑到邻院，发现一人正在盗取院内的农用车，歹徒随即掏出尖刀对宋敬友进行威胁，宋敬友勇敢地与其搏斗。搏斗中，宋敬友左脸、胳膊、手腕多处被捅伤，右耳被歹徒咬掉一部分，但他仍牢牢抓住歹徒不放，后在赶来的群众帮助下将歹徒抓获。

◐ 田新民

男，1974年生人，天津市北辰区人。

2003年荣获"天津市见义勇为模范"荣誉称号，2004年被评为"津城百姓英雄"，2008年被评为"津门见义勇为十大勇士"。

主要事迹

2003年3月30日中午，徐某某伙同他人持自制手枪至温家房子村入室行窃，被失主桑少玉发现。桑少玉一边喊抓小偷，一边手持砖头追赶。闻讯赶来的田新民、孙正刚、郭富琪、李永建等人冒着生命危险紧追歹徒。穷凶极恶的歹徒用枪顶住田新民头部对其威逼利诱，而田新民不为所动，经过一番搏斗终将歹徒制服抓获。

◐ 王金明

男，1926 年生人，天津市静海区人。

2004 年荣获"天津市见义勇为先进个人"荣誉称号，2005 年被评为"津城百姓英雄"。

主要事迹

2003 年 12 月 31 日 15 时许，王金明在本村扬水站附近劳动时，发现一名 6 岁女童和一名 4 岁男童掉进扬水站的水沟里，水面上只看见孩子的手在晃动。77 岁的王金明不顾高龄，未及脱掉棉衣就跳进冰冷的水中，与闻声赶来的一名孩子家长一起将两个孩子救上岸。

◑ 王芝云

男，1963年生人，天津市滨海新区人。

2003年荣获"天津市见义勇为先进个人"荣誉称号。

主要事迹

2003年4月，公安大港分局小王庄派出所民警在抓捕两名特大抢劫案件的犯罪嫌疑人时，王芝云主动上前协助，利用自己熟悉地理环境的优势，驾车带领民警追击，将犯罪嫌疑人堵在一小吃店内。其中一名犯罪嫌疑人持刀拒捕，王芝云与民警一同冲上前去，与犯罪嫌疑人英勇搏斗，终将负隅顽抗的歹徒抓获。王芝云的手部在搏斗中被歹徒用刀划伤多处。

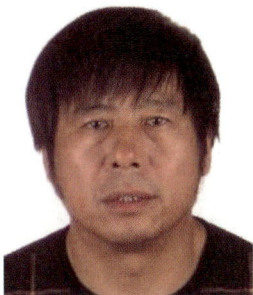

○ **于炳成**

男，1957 年生人，天津市红桥区人。

2003 年荣获"天津市见义勇为先进个人"荣誉称号。

主要事迹

2003 年 9 月 2 日 0 时许，于炳成行进至天津市和平区南市附近时，突然窜出一名中年男子，挥舞着两把菜刀砍向于炳成的胸部，伤口处当即血流不止。该歹徒又挥舞着菜刀冲向路人，见人就砍。于炳成见此情景不顾自身安危冲向歹徒并与之搏斗，先后将两把菜刀夺下，并将歹徒摁倒在地。接警后迅速赶到现场的派出所民警将该名歹徒带到派出所。

◑ 张家玉

男，1962年生人，天津市滨海新区人。

2003年荣获"天津市见义勇为先进个人"荣誉称号。

主要事迹

2003年12月6日9时许，窃贼赵某用砖头将停放在塘沽区抚顺道的一辆轿车后车窗玻璃打碎，偷走两个手包。车主杨帆发现后随即追赶，在抚顺道药店门前将赵某抓住，拽入旁边报亭，将报亭反锁，夺回手包。赵某先是哀求杨帆高抬贵手并愿赔偿损失，但遭到杨帆毅然回绝。见其打电话报警，赵某恼羞成怒，抽出一把匕首将杨帆后背捅伤。杨帆不顾伤痛继续同犯罪嫌疑人搏斗，又将报亭门打开呼救。这时张家玉恰好来给报亭派送报纸，见状遂不顾个人安危冲入报亭，紧紧攥住歹徒持刀的手将匕首夺下，并协助随后赶来的民警将赵某抓获。

2004 年

◑ 慈洪生

男，1974 年生人，天津市武清区人。

2004 年荣获"天津市见义勇为模范"荣誉称号。

主要事迹

2004 年 1 月 30 日 9 时 30 分许，护林员慈洪生、谢涛二人发现陈某某等六人驾驶汽车在杨村镇小世界东侧苗圃盗割电力线，遂上前盘问并打电话告知苗圃老板孙某某，孙某某随后驾车赶到。该六名窃贼发现有车来，慌忙下车，四处逃窜，其中二人驾驶汽车向公路上逃跑。孙某某、谢涛二人驾车追赶，慈洪生则跑到苗圃旁公路上，奋不顾身地迎向窃贼驾驶的车辆。面对穷凶极恶的歹徒，慈洪生毫不畏惧，伸开双臂进行拦截，被歹徒驾驶的高速行驶的汽车撞倒在地，后送医院经抢救无效，不幸牺牲。

● 丁双洋

男，1967 年生人，天津市津南区人。

2004 年荣获"天津市见义勇为先进个人"荣誉称号。

主要事迹

2004 年 11 月 7 日 9 时许，女司机钟某某驾驶出租汽车从天津市大港区搭载一名男青年，行驶到津南区小站镇盛子营村一条行人稀少的乡间小路时，男青年凶相毕露，用一根约半米长的铁管对准钟某某的后脑猛击，钟某某顿时鲜血直流，歹徒用力将其摁在车内，连声大喊："快把钱拿出来！"

就在这个危急时刻，丁双洋恰巧驾驶摩托车路经此地。他听到呼救声后，迅速跳下摩托车，直奔正在行凶的歹徒。歹徒挥动手中的铁管，向扑上来的丁双洋砸了过去。身手敏捷的丁双洋躲过铁管，顺势将歹徒胳膊抓住，用力将铁管打掉在地。歹徒挥拳向丁双洋猛打，丁双洋奋力与歹徒从小路搏斗到田地里，一直持续了 30 多分钟，终于将其摔倒在地上，并利落地抽出嫌疑人的皮带，将其捆了个结实，交给接报警后赶来的公安民警。

● 高清源

男，1975 年生人，天津市南开区人。

2004 年荣获"天津市见义勇为先进个人""南开区见义勇为先进个人"荣誉称号，2005 年荣获"全国见义勇为先进分子"荣誉称号。

主要事迹

2004 年 8 月 13 日 21 时许，高清源驾驶摩托车途经白堤路一网吧门前时，发现两名窃贼正在盗窃电动车，并将电动车抬到出租车上向长江道方向驶去，便立即报警。高清源一边跟踪，一边与出警人员保持联系报告车辆位置，协助民警将两名窃贼抓获，经查，这两名窃贼为在逃案犯。

2004 年 8 月 31 日 20 时许，高清源在天津 43 中学门前，发现两人骑摩托车将一名女青年的书包抢走，立即驾驶摩托车追赶。二人弃车逃窜，并将摩托车及手机遗留现场。高清源马上打电话报警。根据遗留物的线索，民警抓获该犯罪团伙成员 11 人，破获案件 16 起，挽回经济损失 9000 余元，有效地打击了犯罪分子的嚣张气焰。

◐ 何金钟

男，1950年生人，天津市南开区人，生前系天津市第一建筑工程公司妇联大厦工地门卫。

2004年荣获"天津市见义勇为先进个人"荣誉称号。

主要事迹

2004年8月9日22时许，南开区八里台立交桥下小树林里发生一起杀人案。当时正在附近工地值班的何金钟和来津打工的牟明明听到呼救声立即跑向杀人现场，看到杀人犯浑身是血正欲逃跑，何金钟、牟明明二人遂朝犯罪分子追去。追赶过程中又有一名乘凉的男青年加入进来。年过半百的何金钟一路当先，追在最前面，在犯罪分子刚刚跑上立交桥时，将其摔倒在地并抓获。

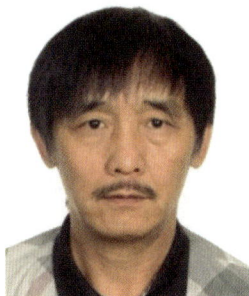

◑ 刘光亮

男，1963年生人，天津市南开区人，天津海河出租公司第五分公司司机。

2004年荣获"天津市见义勇为先进个人"荣誉称号。

主要事迹

2004年9月8日晚，刘光亮驾驶出租车和乘客姚鹏飞途经红旗南路时，恰遇两名歹徒骑摩托车抢劫行人手机。刘光亮立即停车，同姚鹏飞一起与歹徒展开搏斗，歹徒驾驶摩托车将刘光亮拖带30余米，致其腿部擦伤，但刘光亮仍牢牢抓住歹徒不放。此时，出租车司机于文化、李通和技校学生王军先后途经此处，刘光亮和姚鹏飞在他们的配合下将歹徒制伏擒获。

◑ 孙玄

男，1976 年生人，天津市西青区人，海河出租汽车有限公司司机。

2004 年荣获"天津市见义勇为模范"荣誉称号，2005 年被评为"津城百姓英雄"，荣获"全国见义勇为先进分子"和"全国十大见义勇为好司机"荣誉称号；2008 年被评为"津门见义勇为十大勇士"；2011 年被评为首届"津城的士英雄"；2013 年被评为"津城的士英雄"。

主要事迹

2004 年 8 月 12 日 23 时许，孙玄驾车经过中山北路与中环线交口处，突然听到有人呼喊"救命"，随即看到一个女孩跌跌撞撞从昏暗的小路跑出来。他立即刹车，把女孩拉上车并询问缘由。获知该女孩刚刚被一个持刀男子抢走了手机和挎包，腿上还挨了一刀。

孙玄立即让其指路，并不断加大油门追向持刀男子，最终在一家服装厂门前追上歹徒，并大声叫道："把抢走的东西交回来！"那名歹徒掏出手枪对车里的孙玄狂叫："躲开！再不躲开，我开枪啦！"当时，孙玄就一个念头——把这小子撞倒、制伏。当车子逼近歹徒时，歹徒闪身躲过，"砰"的一声，回身就给了孙玄一枪。

孙玄被打中，顿时鲜血直流，但他不顾一切跳下车，向歹徒扑去。丧心病狂的歹徒见状，又开了第二枪，打中了孙玄的左眼镜片，将眼镜打飞。穷凶极恶的歹徒又向他连续射击，直到将子弹打光。

孙玄挥拳把歹徒的枪打落在地，歹徒又掏出一把弹簧刀向他刺来！孙玄与歹徒纠缠着滚成一团……经过一番奋力搏斗，终于将歹徒死死摁在地上。接到报警的民警也迅速赶到现场，将歹徒抓获。

● **王起学**

男，1971年生人，天津市蓟州区人，个体出租司机。

2004年荣获"天津市见义勇为先进个人"荣誉称号。

主要事迹

2004年2月4日，蓟县城关镇东关村发生一起抢劫案，两名男子从事主周某家中抢走大量现金及金饰品等物。案发后，公安民警前往蓟县客运站布控。正在此处候客的出租车司机赵学武立即向民警提供了两名嫌疑人已乘坐出租车逃走的线索，并与嫌疑人所乘坐的出租车司机王起学取得联系，将民警的指令传达给王起学，并用自己的出租车搭载民警进行追捕。得知情况的王起学冒着生命危险配合民警工作，通过减慢行驶速度、加油等方法为民警争取追捕时间。当行驶至河北省三河市时，协助民警将两名嫌疑人抓获。

◐ 王士俊

男，1964年生人，天津市宝坻区人。

2004年荣获"天津市见义勇为先进个人"荣誉称号。

主要事迹

2004年6月26日10时许，因患小儿麻痹症右腿残疾的王士俊与同乡毛洪亮从天津市武清区崔黄口镇回家，途经崔黄口镇东引洪闸大渠南一公里处时，听到有人呼救，二人便停下车跑到大渠边。听闻在场群众说有人落水，王士俊立即脱掉外衣，拖着残疾的右腿奋勇跳入水中，在毛洪亮的协助下将不慎落水的孔某某救上岸来，并且不顾疲劳立即对已经昏迷的孔某某进行人工呼吸。经过王士俊的不懈努力，孔某某恢复了知觉，后被赶来的家人送到了医院。

◑ 王忠良

男，1960 年生人，天津市南开区人。

2006 年荣获"天津市见义勇为先进个人"荣誉称号，同年被评为"津城百姓英雄"。

主要事迹

2004 年 12 月 9 日凌晨 5 时许，王忠良从家中出门时，发现一名歹徒正在对一门市部实施盗窃，立即上前制止。持刀歹徒穷凶极恶，向王忠良的面部和背部连捅数刀，伤口流血不止，歹徒趁机逃窜。王忠良在身受重伤的情况下，紧追歹徒 500 米，终因体力不支倒在血泊中。后被赶到现场的民警送往医院抢救数日，才脱离生命危险。

● 夏清江

男，1963年生人，天津市静海区人。

2004年荣获"天津市见义勇为先进个人"荣誉称号。

主要事迹

2004年2月14日，夏清江驾驶二轮摩托车外出办事，沿104国道行至大张屯收费站时，发现一辆黑色小轿车旁拖着一个人，向九宣闸桥方向驶去，而且车速还在不断加快。被拖带人的一只胳膊被汽车玻璃夹在司机一侧的车窗内，两脚拖在地上。见此情景，夏清江立刻加大油门追赶，一边追，一边大声呼喊，示意轿车司机停车。司机非但不听劝告，反而加大油门继续向前疾驶。此时，被拖带人的身体已被汽车拖得飞了起来，情况十分危急，眼看一场惨剧就要发生。

关键时刻，夏清江不顾个人安危，勇敢地冲上去，将摩托车横在公路上，挡住了汽车的去路。刹那间，飞驰的汽车将摩托车撞倒在地，夏清江及时躲闪才没有受伤，由于汽车的左前轮被摩托车卡住，这才被迫停了下来。夏清江急忙跑过去，将被拖带人从车上救下，并与随后赶到的群众一起将肇事司机抓获。

◑ 游和平

男，1951 年生人，天津市和平区人，天津市和平区香榭里居委会协管员。

2004 年荣获"天津市见义勇为先进个人"荣誉称号。

主要事迹

2004 年 9 月 13 日 15 时许，女青年宋某回家，被尾随而至的一名男青年窜入室内摁倒在沙发上，并用塑料袋蒙住头部，宋某与其搏斗厮打并高声呼救。歹徒遂抓起沙发上的提包快速向楼下逃跑。正在楼外贴募捐告示的游和平听到呼喊声，意识到有坏人作案后逃跑，立即将单元门关严，并随手抄起一根墩布守住大门，待歹徒跳出时，将其抓获，并交与迅速赶到的公安民警。

◑ 于克国

男，1964 年生人，天津市滨海新区人。

2004 年荣获"天津市见义勇为先进个人"荣誉称号，2005 年被评为"津城百姓英雄"。

主要事迹

2004 年 4 月 14 日 15 时，于克国驾车外出途经茶淀镇茶西村交叉口时，发现一名男童不慎掉进路边水沟中。于克国当即停车，奋不顾身跳入水中，将正在水中拼命挣扎的男童救起并送其回家，随后悄然离开。男童家长经多方寻找才找到于克国。

● 于水祥

　　男，1946 年生人，中共党员，天津市河北区人，北京铁路局天津西机务段司机。

　　1990 年荣获"河北区治安模范""天津市治安模范""全国见义勇为先进分子"荣誉称号，1998 年被评为首届"全国见义勇为十大英雄"，2004 年被评为"津城百姓英雄"，同年荣获"天津市见义勇为先进个人"荣誉称号。

主要事迹

　　2004 年 7 月 19 日 13 时许，于水祥骑自行车途经天津市河东区真理道与正义道交口时，突然听到身后有人喊叫："拦住他，抢钱的！"于水祥定睛一看，一男子正跳过马路护栏向自己的方向跑来。他冲上前拦住歹徒，并与其进行搏斗。歹徒用拳头猛击于水祥腹部后逃窜。于水祥不顾疼痛，紧紧追赶，并最终将其逼进一小区楼道内，又配合随后赶到的巡警将歹徒制伏。

● 张建武

男，1966 年生人，天津市南开区人，天津津京联合玻壳股份有限公司职工。

2004 年荣获"天津市见义勇为先进个人"荣誉称号。

主要事迹

2004 年 4 月 7 日凌晨，张建武偶然发现有两名形迹可疑的人正在其楼下推一辆面包汽车，随即拨打 110 报警，后又下楼监视推车人的动向。当民警赶到现场时，张建武配合民警将窃车贼抓获。

◐ 张进奎

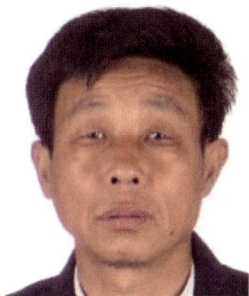

男，1954 年生人，天津市静海区人，天津市静海县唐官屯镇大张屯中学教师。

2006 年荣获 "天津市见义勇为先进个人"荣誉称号。

主要事迹

2004 年 11 月 19 日，张进奎在上班途中，途经天津市静海县大运河时发现两名女童不慎落水，眼看就要沉入河底。张进奎来不及脱掉身上的衣服，就毫不犹豫地跳入冰冷的河水中，奋力向落水者游去，用尽全力将一名落水者救上岸，又跳入河水中，抓住另一名落水者拼命向岸边游来。由于河水冰冷，张进奎的手、脚逐渐不听使唤，连喝了几口水，就在他力气用尽快要下沉时，岸上的群众找来一根木棍递给了他。张进奎一手抓住木棍，一手托着落水者终于游上了岸。最后在群众的帮助下，两名落水女童全部获救。

◉ 赵家镇

男，1984年生人，天津市滨海新区人，大港区个体出租车司机。

2004年荣获"天津市见义勇为先进个人"荣誉称号。

主要事迹

2004年5月29日18时许，事主刘某某步行至天津市大港区迎宾桥地道时，迎面走来的四名男子将其打倒在地，并抢走手机。公安机关接报后，旋即派员迅速沿嫌疑人逃跑方向追击。处警警察很快发现有四名可疑男子正欲搭乘一辆出租车离去，遂上前拦截。四人见状后打开车门四散逃窜。此时，该出租车司机赵家镇意识到乘车人员可能是违法犯罪人员，立即下车协助民警抓捕疑犯。赵家镇盯住一名穿黑色上衣的男子奋力追赶，追出300米后该疑犯突然从裤兜内掏出一把弹簧刀，对其进行恐吓。面对穷凶极恶的持刀歹徒，赵家镇毫不畏惧，立即拣起地上一根木棍与其搏斗，并与随后赶到的民警将该名歹徒抓获。

● 朱会彬

男，1957年生人，中共党员，天津市宝坻区人。
2004年荣获"天津市见义勇为先进个人"荣誉
称号。

主要事迹

2004年3月28日下午，朱会彬正在村中劳动，听到一阵吵闹声，他循声望去，只见村民周某某手中高举一把闪亮的钢刀冲向同村李某某家中。朱会彬连忙放下手中的活儿，追了过去。这时，周某某已将李某某的头部砍伤，鲜血飞溅。周某某仍不肯罢手，再次挥起钢刀砍向李某某的儿媳。朱会彬赶紧上前死死抓住周某某下落的钢刀不放，周某某一边夺刀，一边踢打朱会彬，朱会彬忍着身上的疼痛，拼尽浑身力气硬是把钢刀从周某某手中夺了下来，并协助赶到的民警将其抓获。

■ 2005 年

◐ 韩铁庄

男，1964 年生人，天津市红桥区人，天津市太阳科工贸出租汽车公司司机。

2006 年荣获"天津市见义勇为先进个人"荣誉称号。

主要事迹

2005 年 9 月 25 日 19 时许，韩铁庄驾驶出租车行至天津美术学院附近时，遇一女子拦车求救。得知该女子刚刚被抢劫，他毫不犹豫地立即陪同该女子向歹徒逃跑的方向追赶。驾车至海河边时，发现了抢劫歹徒的行踪。韩铁庄在报警的同时机智地与歹徒姚某、朱某周旋，为公安机关最终抓获案犯，赢得了宝贵的时间。经审理查明，犯罪嫌疑人姚某、朱某自 2005 年 7 月至 9 月间，先后在天津市骑摩托车抢劫作案十余起，被公安机关依法逮捕。

◑ 杜新路

男，1958 年生人，天津市南开区人，天津橡胶机械总厂职工。

2006 年荣获"天津市见义勇为先进个人"荣誉称号。

主要事迹

2005 年 6 月 4 日 22 时许，天津市第二十五中学附近，正在乘凉的杜新路听到一女生大声呼喊："抢包啦"，立即循声赶上前去。原来歹徒李某伙同冯某见该女子独自坐在路边，遂将其腰包抢走，该腰包内现金等物价值 8800 余元。杜新路不顾个人安危与歹徒李某展开殊死搏斗，最终将李某擒获，后又将冯某抓获，并扭送到公安机关。

❶ 葛致钢

男，1964 年生人，天津市东丽区人，天津市东丽区治安大队辅警。

2006 年荣获"天津市见义勇为模范"荣誉称号，被评为烈士。

❶ 赵恺

男，1978 年，天津市和平区人，天津市公安东丽分局巡警二队辅警。

2006 年荣获"天津市见义勇为先进个人"荣誉称号。

主要事迹

2005 年 4 月 17 日 2 时 21 分，天津公安东丽分局接报警称在南大桥工地发现一伙偷钢筋的歹徒。治安大队民警带领治安辅警葛致钢、赵恺迅速到达现场，看到三名歹徒正欲逃跑，葛致钢连忙追了上去与三人展开英勇搏斗。在搏斗中，葛致钢被歹徒用匕首刺伤多处，倒地不起。赵恺冲上前去继续与歹徒搏斗，丧心病狂的歹徒用匕首刺中赵恺腰腹部多处，并趁机逃跑，赵恺身受重伤。葛致钢因抢救无效，壮烈牺牲。

◑ 韩志强

男，1970年生人，天津市宁河区人。

2006年荣获"天津市见义勇为先进个人"荣誉称号。

主要事迹

2005年2月7日中午，回家途中的韩志强发现村民韩宗春的蔬菜大棚着火，并且着火地点周围有四垛草帘，随时有被引燃的危险。韩志强不顾个人安危，飞奔到失火地点，抱起水龙头，朝火蛇喷去，在其他群众的帮助下最终将大火扑灭。

2005年11月23日上午，正在集市陪同妻子买东西的韩志强突然听到有人喊："抓小偷！"他循声跑了过去，看见群众正把小偷围住，小偷企图夺路而逃，韩志强上前一把将小偷抓住，送至附近的派出所。

2013年5月16日9时许，王某、朱某合伙在宁河县岳龙镇连续入室盗窃，被村民代树亮发现并报警。代树亮在韩志强等十余人的配合下，将持刀拒捕的两名案犯抓获后扭送至派出所。

❶ 贾帅

男，1988 年生人，天津市红桥区人，天津市隆华技术学校学生。

❶ 华伟

男，1974 年生人，天津市南开区人，多企市场销售服务有限公司职工。

贾帅、华伟，2006 年荣获"天津市见义勇为先进个人"荣誉称号。

主要事迹

2005 年 8 月 10 日 17 时许，歹徒冯某从河东区搭乘张女士的出租车，当行至红桥区青年路附近时，突然掏出匕首对张女士实施抢劫。张女士奋力反抗，冯某用匕首将其颈部、胸部刺伤后逃跑。途经此处的贾帅、华伟听到呼救声，从不同的方向追赶冯某。面对持刀歹徒，二人不顾个人安危，贾帅将其扑倒在地，在夺下冯某的匕首时，右手食指受伤骨折。华伟和贾帅一起将歹徒的双手扭到背后。华伟报警后，民警迅速赶到了现场，将冯某抓获归案。

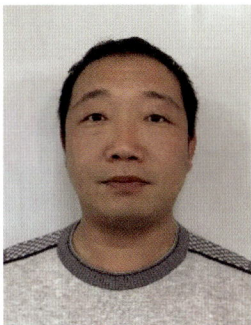

◎ 李华胜

男，1983年生人，天津市武清区人，日进汽车配件公司职工。

2006年荣获"天津市见义勇为先进个人"荣誉称号。

主要事迹

2005年7月6日11时许，李华胜发现四名窃贼正在盗窃摩托车，遂上前制止，四名窃贼仓皇逃跑。李华胜迅速报警并驾车进行追赶，协助民警将窃贼李某某等人抓获归案。

◉ 刘学辉

男，1974年生人，中共党员，天津市宝坻区人，生前系天津公安宝坻分局南仁垞派出所辅警。

2006年荣获"天津市见义勇为模范"荣誉称号，被评为烈士。

主要事迹

2005年9月2日，按照分局领导关于加强防控机动车被盗的指示精神，刘学辉在南仁垞派出所副所长郝青的带领下开车在辖区巡逻。当日15时许，二人驾车巡逻至宝坻区与河北香河交界处大口屯镇石辛庄村村西时，见两名男子驾驶一辆摩托车，形迹十分可疑，立即示意他们停车接受检查。在盘查过程中，两名歹徒突然抽出匕首向郝青和刘学辉扑来。面对穷凶极恶的歹徒，郝青和刘学辉毫不畏惧，与歹徒展开搏斗。搏斗中，刘学辉在身中两刀的情况下，强忍伤痛，紧紧抱住歹徒不放。后刘学辉因伤势过重，经抢救无效，壮烈牺牲。

◑ 刘有智

男，1952 年生人，天津市滨海新区人。

2006 年荣获"天津市见义勇为先进个人"荣誉称号。

主要事迹

2005 年 5 月 31 日，刘有智在驾驶出租车载客途中，遇到两名浑身沾满血迹的年轻人欲搭乘其出租车到山东省德州市。刘有智觉得二人形迹可疑，故没有答应他们，但随后记住了二人的体貌特征和搭乘的出租车车牌号，并尾随其后报警。警方根据刘有智提供的线索，很快将这两名犯罪嫌疑人抓捕归案。经查明，犯罪嫌疑人岳某某、霍某某于当日凌晨 1 时许，持刀抢劫了一名出租车司机，并将其杀害。

◑ 吕福全

男，1958 年生人，天津市南开区人，中环电子仪器公司职工。

◑ 尹顺利

男，1962 年生人，天津市红桥区人，天津东鸣凯晟电器公司工人。

吕福全、尹顺利 2006 年荣获"天津市见义勇为先进个人"荣誉称号。

主要事迹

2005 年 3 月 14 日 14 时许，吕福全发现张某在南开区自贡道一住户家中盗窃后，欲逃离现场。吕福全和随后赶来的尹顺利不顾张某的持械威胁，共同与其展开搏斗，最终将其制服，并扭送至公安机关。经查，张某此次入户盗窃了现金、钱包、摩托车等物品。

◐ 孟吉民

男，1960 年生人，天津市河西区人，天津红旗运输厂工人。

2006 年荣获"天津市见义勇为先进个人"荣誉称号。

主要事迹

2005 年 11 月 16 日 18 时许，孟吉民在晚饭后遛弯时发现有两个人从路边灌木中提出四个尼龙编织袋，且神色慌张，形迹十分可疑。孟吉民边报警边跟踪，看到这两人往车上装东西欲逃窜时，立即上前大喊一声："我是派出所的，蹲下！都别动！"两名男子立刻蹲下求饶，并企图贿赂孟吉民。孟吉民不为所动，双手各摁住一人，与及时赶到的民警一起将两名窃贼扭送到公安机关。

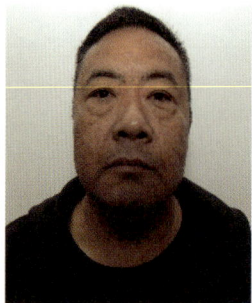

◑ 穆瑞忠

男，1964年生人，天津市武清区人。

2006年荣获"天津市见义勇为先进个人"荣誉称号。

主要事迹

2005年4月3日10时许，张某某用随身携带的军用刺刀将一食品店店主王某某刺伤，抢走其手包后逃窜，被在附近候客的出租车司机穆瑞忠发现。穆瑞忠不顾个人安危紧追歹徒不放。在追赶过程中，张某某多次用砖头威胁穆瑞忠，企图阻止其继续追赶。追至一单位院内草坪时，张某某见无处可逃，遂负隅顽抗。穆瑞忠面无惧色，立刻向张某某扑了过去并在周围群众的配合下，将张某某抓获，将其扭送至公安机关。

◑ 孙志伟

男，1983 年生人，天津市河东区人。

2006 年荣获"天津市见义勇为先进个人"荣誉称号。

主要事迹

2005 年 12 月 3 日 17 时许，孙志伟途经河西区光华桥时，看到桥上有人围观，便也上前观看，发现有一名男青年在海河中挣扎。孙志伟立即想到要赶紧救人，于是往桥下跑，他脱掉衣服，毫不犹豫地跳入了冰冷刺骨的河水中。海河中风急浪大，孙志伟咬紧牙关，用尽全身力气拉着落水男青年游向岸边，在周围群众的帮助下，成功将落水男青年救助上岸。

◖吴广学

男，1937年生人，天津市蓟州区人。

2006年荣获"天津市见义勇为模范"荣誉称号，被评为烈士。

主要事迹

2005年8月20日15时许，天津市蓟县马伸桥初级中学学生郑文烁带其两个表妹在蓟县孙各庄村北河边玩耍时，不慎落入水中，两个表妹四处奔走呼救。正距离河边西北侧100米处放羊的吴广学听到呼救声后，立即往河边跑去，衣服也没来得及脱下，就纵身跳了下去。吴广学奋力游到郑文烁身边，又使出全身力气将他拖拽到岸边。此时，吴广学未来得及脱下的长裤里兜满了水，再加上孩子75公斤左右的体重，使得年近古稀的吴广学拼尽了最后一丝气力，最终因体力不支溺水牺牲。

◐ 徐万遵

男，1944 年生人，天津市和平区人，天津市自动化仪表八厂退休职工。

2006 年荣获"天津市见义勇为先进个人"荣誉称号。

主要事迹

2005 年 3 月 14 日 14 时许，徐万遵在家中阳台看到一男子形迹十分可疑，引起了他的注意。通过仔细观察，他意识到该人很可能就是周边居民常怀疑的小偷"独眼龙"，便立即出门悄悄跟踪。该男子拐进了一胡同后，又夹着一个皮包从院内跑出来。在胡同口守候的徐万遵立即上前拦住，问其手中的包来自何处，该男子答不上来，并准备夺路而逃，徐万遵奋不顾身地扑向嫌疑人，并在多名群众协助下，将该男子扭送到了公安机关。

❶ 徐伟

男，1984 年生人，中共党员，天津市河东区人，天津工业大学信息工程学院学生。

2006 年荣获"天津市见义勇为模范""全国见义勇为先进分子"荣誉称号，2007 年荣获"全国道德模范"荣誉称号，2008 年被评为"津门见义勇为十大勇士"。

主要事迹

2005 年 12 月 27 日 16 时 15 分，天气阴冷，刮着凛冽的北风。天津工业大学校园的湖面上突然传来了急切的呼救声："救命啊！""有人掉进冰窟里啦！"路过此地的徐伟听到呼救后赶紧向湖边跑去，只见两个少年在冰水中挣扎，其中一个只有一只手还在水面上挥动。危急时刻他来不及多想，急忙奔至冰窟旁，俯下身子去拉落水少年。冰面再次开裂，徐伟和另一名少年也一同掉进刺骨的冰水中。面对突如其来的危险，徐伟艰难地将三名少年托出水面，并沉着地帮助他们扒牢冰面，嘱咐他们别动，而后自己双手紧紧扒住冰缘，用力往上爬，刚刚探出上半身，不料"哗啦"一声冰面又塌了下去，他再次掉入湖中，双手和胳膊多处被冰凌划伤，鲜血直流。他强忍疼痛回过头对三个吓呆的孩子说："你们别害怕，我一定能爬上去，一定能把你们救上去，你们要坚持住！"他改变了方法，双手把冰面往下按，使冰面有些坡度，用双脚踩水，就这样一点一点地蹭到冰面上，而后就势一跃，跳出了冰窟。

这时远处有人闻讯赶来，但周围的冰面已经因不堪重负开始摇晃，徐伟冷静地告诉周围的人："不要再过来，把你们的木棍递给我。"他机智地利用木棍将三名少年一一拉出水面，并帮助他们顺利上岸。

◉ 许青

男，1971年生人，天津市滨海新区人，天津宏达聚鑫有限公司职工。

2006年荣获"天津市见义勇为先进个人"荣誉称号。

主要事迹

2005年7月14日凌晨，许青无意中发现楼下有三个人鬼鬼祟祟地围着一辆电动自行车转悠，遂迅速拨打报警电话，并急忙跑下楼向事发地点跑去，此时，三人中的一人已经把电动车骑走，另外两人驾驶一辆红色华利面包车随后逃跑。许青一边追赶骑车人，一边记下了面包车的车牌号，后协助民警将窃贼抓获。民警根据许青提供的车牌号又将另外两名窃贼抓获归案。经审理查明，三名犯罪嫌疑人中的一名是网上通缉逃犯。

◉ 陈满意

男，1984 年生人，河北省人，天津新展高速公路工人。

2006 年荣获"天津市见义勇为先进群体"荣誉称号。

主要事迹

2005 年 10 月 21 日凌晨 2 时许，天津新展高速公路有限公司接到公安机关通报，有 2 名歹徒劫持了 1 辆出租车，正向高速公路宁河收费站逃窜，要求收费站协助截获该车辆。收费站工作人员陈满意接到上级命令后，立即分兵把守各个收费口。当被劫车辆驶入交费车道时，机智地与歹徒周旋。一名歹徒发觉情况不妙，遂下车逃窜，陈满意向其扑了上去，将其擒获。与此同时，同事也牢牢控制了另一名歹徒。随后，一起将 2 名歹徒交公安机关处理。

● 张明

男，1965 年生人，天津市河西区人，天津九鼎出租汽车公司员工。

2011 年被评为"津城的士英雄"。

主要事迹

2005 年 5 月 11 日 23 时许，张明驾驶出租车行至河西区微山路与浯水道交口处，发现有两名 30 岁左右男子正在抢劫一名出租车司机，张明见状立即前去解救被害司机，两名歹徒夺路而逃，张明奋力追赶，抓获其中一名歹徒并报警，后协助民警将其扭送至公安东海派出所。

◑ 马秀建

男，1969 年生人，天津市东丽区人。

◑ 谢志畅

男，1978 年生人，天津市东丽区人。

2006 年荣获"天津市见义勇为先进群体"荣誉称号。

主要事迹

2005 年 5 月 26 日 4 时许，窃贼孙某某、杨某某、齐某、吴某携带作案工具窜至东丽区新立街村民林志海家中，正欲实施盗窃，被林志海发现后逃跑。附近村民马秀建、谢志畅等人得知消息后一起追赶窃贼，同 4 名窃贼展开了英勇搏斗，并当场擒获 1 名窃贼。搏斗中马秀建鼻骨粉碎性骨折，谢志畅头部受伤。他们不顾伤痛，坚持协助民警将另外 3 名窃贼抓获归案。

2006 年

◐ 边志刚

男，1951 年生人，中共党员，天津市北辰区人，天津市北辰区温家房子村治保会巡逻员。

2007 年荣获"天津市见义勇为先进个人"荣誉称号，被评为"津城百姓英雄"和"津门见义勇为十大勇士"。

主要事迹

2006 年 2 月 17 日 3 时许，边志刚在巡逻中发现，停在路边的一辆华利牌面包车内有大量的电缆，便对该车产生了怀疑，在用对讲机通知其他巡逻队员后，对该车的驾驶员进行了盘查。盘查过程中，窃贼见案情败露，突然启动车辆企图逃跑。边志刚不顾个人安危，紧紧抓住车门示意停车。窃贼却急踩油门，车前轮从边志刚的腿上狠狠地轧了过去。边志刚强忍疼痛，仍死死地拽住车门不放，被拖带出 60 余米。因该车转弯时车速放慢，前轮被边志刚胸部卡住，才迫使该车停下。歹徒下车将边志刚从车下拽出后继续逃窜。闻讯赶来的巡逻队员根据边志刚提供的线索，将车内的三名窃贼抓获，另外两名窃贼逃跑后也被公安机关抓获。

◑ 陈希月

男，1976 年生人，天津市津南区人，公安津南分局公益保安员。

2007 年荣获"天津市见义勇为先进个人"荣誉称号。

主要事迹

2006 年 9 月 26 日 9 时许，陈希月到咸水沽一手机店修手机时，发现两名青年正在盗窃手机。陈希月遂大喊："有人偷手机！"两名窃贼见犯罪事实已败露，便往路边接应的汽车方向跑去，陈希月不顾个人安危，追出约 30 米后，将其中一名窃贼抓住，另一名窃贼为救同伙将陈希月腹部踹伤。陈希月忍住疼痛，在手机店店主的配合下，将两名犯罪嫌疑人全部抓获，并送交公安机关。

◑ 董加祥

男，1960年生人，中共党员，天津市宁河区人，天津市宁河县城管大队办公室副主任。

◑ 赵强

男，1983年生人，中共党员，天津市宁河区人，天津市宁河县城管大队队员。

◑ 王小平

男，1971年生人，天津市宁河区人。

董加祥群体，2007年荣获"天津市见义勇为先进群体"荣誉称号。

主要事迹

2006年9月7日7时50分许，歹徒王某某在芦台镇中联手机店持刀抢劫女店主财物后逃窜，被经过此处的董加祥发现，董加祥立即骑车追赶。追至一水果店门前时，过路群众王小平听见董加祥的呼喊声，遂与董加祥一起追赶。王某某掏出匕首威胁董加祥和王小平，但二人不顾个人安危继续追赶，后追至一小区内，董加祥的同事赵强也一同参与追赶。追至宁河县中医医院院内时，王某某再次掏出匕首疯狂地向王小平捅去，王小平躲闪不及，右臂被划伤。王某某随即翻出院墙继续逃窜。王小平和赵强翻出院墙，已经不见了王某某的踪影。王小平、赵强二人根据附近居民提供的线索，发现歹徒搭乘了一辆出租车准备逃窜，王小平迅速记下了该出租车的车牌号，并提供给了公安机关，公安机关根据该线索，将歹徒抓捕归案。

◑ 樊云明

男，1972年生人，天津市和平区人，公安河西分局协勤。

2007年荣获"天津市见义勇为先进个人"荣誉称号。

主要事迹

2006年2月25日4时许，公安河西分局协勤樊云明驾车跟随民警巡逻至友谊路延长线时，发现一辆汽车后牌照用报纸遮挡，立即向民警报告。民警向嫌疑车辆示意停车检查，该车减速的同时，突然从车上跳下一名妇女并高喊："救命！"嫌疑车加速逃跑，樊云明立即驾车追赶，凭借着高超的驾驶技术，对嫌疑车辆紧追不放，最终迫使嫌疑车辆因慌不择路，侧翻在马路上。车上的歹徒爬出车后仓皇逃窜。樊云明也下车紧追其后，见到其中一名歹徒攀上矮墙，他不顾个人安危，飞身扑了上去并将其抓获。

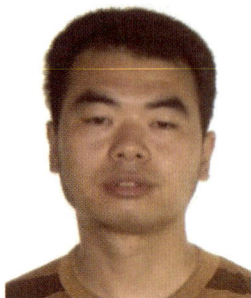

◑ 黄树喜

男，1978 年生人，中共党员，天津市宝坻区人。

2006 年荣获"天津市见义勇为先进个人"荣誉称号，2008 年被评为"津门见义勇为十大勇士"。

主要事迹

2004 年 11 月 3 日 4 时许，在天津津围公路大口屯段，一辆四轮拖拉机与一辆小货车相撞，拖拉机司机王某被困在驾驶室内。正巧黄树喜等人经过此处，见状立即进行营救。黄树喜在光线昏暗的情况下，不顾来往穿梭的车辆可能引发的危险救出了王某。黄树喜还未及将伤者送至安全地带，突然一辆农用车向他急驰过来，因农用车司机疲劳驾驶，未及时采取刹车措施，将黄树喜撞出数十米，造成其脑干损伤，颈椎、锁骨和腿下肢骨折，经有关部门鉴定，黄树喜为一级伤残。

❶ 李继梁

男，1961 年生人，中共党员，天津市南开区人，深圳发展银行天津分行职员。

❶ 王春柱

男，1964 年生人，天津市河西区人，南开区陈傻子餐厅经理。

李继梁、王春柱，2007 年荣获"天津市见义勇为先进个人"荣誉称号。

主要事迹

2006 年 3 月 10 日 17 时许，歹徒厉某窜至南开区崇明路陈傻子餐厅附近，趁王女士购物返回私家车之机尾随其上车并自称警察，对王女士进行殴打并欲实施抢劫。王女士挣脱下车后，厉某继续对其进行殴打并用自备的手铐将其铐住，随即抢夺被害人的手包，王女士大声呼喊求救，正在不远处的李继梁、王春柱听到呼救声，不顾个人安危上前与歹徒搏斗，并配合及时赶来的民警将其抓获。

❶ 李继原

男，1964 年生人，中共党员，天津市河西区人，天津市联众出租车服务中心司机。

2006 年荣获第三届"全国见义勇为好司机"荣誉称号，2011 年评为"津城的士英雄"。

主要事迹

2006 年 5 月 26 日 13 时 40 分许，一歹徒窜至和平区"富都烟酒中心"商店，称其购买香烟和酒。在店主取货时，该男子趁其不备，掏出事先准备好的砖头，猛击店主头部。店主奋力呼喊："抓小偷，抓强盗！"，男子遂逃离现场。店主紧紧追赶，高喊："抢劫！"该男子慌不择路，跑进附近小区。正在小区外候客的出租车司机李继原听到店主呼喊，意识到跑进小区内的男子即是作案者，便迅速追赶，在小区内将歹徒抓住并将其摔倒在地，抽出其腰带，套在他脖子上防止其逃脱。后与小区内巡逻的保安员一起将该名歹徒扭送至公安机关。

● 李建磊

男，1983年生人，天津市津南区人，天津市东海橡塑公司工人。

2007年荣获"天津市见义勇为先进个人"荣誉称号，被评为"津城百姓英雄"。

主要事迹

2006年11月24日16时许，于某某携带壁纸刀、手套等作案工具来到东海橡塑公司门口，拦截女青年王某某要求其答应和自己谈恋爱，遭到拒绝。于某某恼羞成怒将王某某摔倒，猛掐其脖子，并掏出刀子要杀死王某某，王某某的同事李建磊等四人见状迅速跑过来奋力将二人拉开。为防止于某某再次行凶，李建磊不顾个人安危与于某某展开搏斗。于某某持刀向李建磊的颈部刺去，先将李建磊的背部刺伤，又割伤其颈动脉，顿时鲜血迸流。此时，王某某已跑到公司保安室门前，于某某甩开受伤的李建磊又向王某某跑去，李建磊捂住伤口，追向犯罪嫌疑人，并喝令制止其犯罪行为。李建磊在伤口大量出血的情况下，奋力追出于某某100多米，并在公司保安的配合下报警，抓获了歹徒。李建磊被及时赶来的民警送到了医院，经医院全力抢救，脱离了生命危险。

◐ 张天龙

男，1980年生人，天津市和平区人，光大银行河东支行职工。

◐ 李福临

男，1981年生人，天津市河西区人，光大银行河东支行职工。

◐ 李伟

男，1979年生人，中共党员，天津市河北区人，光大银行河东支行职工。

◐ 钟有军

男，1962年生人，天津市红桥区人，光大银行河东支行职工。

● 黄铭军

男，1970年生人，中共党员，天津市河西区人，光大银行河东支行职工。

张天龙群体，2007年荣获"天津市见义勇为先进群体"荣誉称号；同年被评为"津门见义勇为十大勇士"。

主要事迹

2006年7月7日15时30分许，在河东区七纬路与十二经路交口处的光大银行河东支行门前，当事人王某正携带现金4万元，准备进入银行存款。此时，一歹徒从背后抢走王某装现金的蓝色尼龙包，王某试图夺回的过程中，包内部分现金散落在地上，歹徒抢走装有剩余现金的尼龙包夺路而逃。

此时，营业厅内的银行工作人员发现情况，按响110报警装置，张天龙、李福林、李伟、钟有军、黄铭军几位职员冲出大门追赶歹徒。追至七纬路与十三经路交口时，将歹徒围困在一个胡同内，穷凶极恶的歹徒掏出随身携带的匕首，扬言谁过来就捅死谁。张天龙等人面对凶器没有退缩，而是紧紧围住歹徒，使其无法继续逃跑。面对危险，他们非常冷静，告诉歹徒："我们不会后退，你自己应该明白，不要在犯罪的路上走得太远，否则你不会有好结果。你只有一个人，一把刀，不可能把我们都捅死，你绝对不可能跑掉的。"歹徒被张天龙等人的浩然正气所震慑，只好扔掉匕首，束手就擒。为防止其逃跑，张天龙等人用自己的领带将歹徒捆绑结实，并脱下他的鞋。此时，接到报警的民警赶到，将歹徒押送到公安机关。

◑ 刘国斌

　　男，1962年生人，中共党员，天津市红桥区人，海河出租汽车公司出租车司机。

◑ 王连仲

　　男，1964年生人，天津市河东区人，远大出租汽车公司出租车司机。

◑ 张九居

　　男，1957年生人，中共党员，天津市河北区人，敦恒出租公司出租车司机。

◑ 李长钧

　　男，1959年生人，天津市河东区人，南营门车队出租车司机。

刘国斌群体，2007 年荣获"天津市见义勇为先进群体"荣誉称号，被评为"津城百姓英雄群体"。

主要事迹

2006 年 6 月 25 日 22 时许，郭某在和平区二七二医院附近搭乘刘国斌驾驶的出租车前往天津站，车行至海河东路与赤峰桥交口时，郭某从裤子口袋内掏出一把黑色塑料仿真手枪顶在刘国斌的脖子上，欲对刘国斌实施抢劫。刘国斌经过搏斗将郭某的仿真枪夺下。郭某又掏出了一把匕首，向刘国斌捅去，致使其手部、胳膊、腿部等部位多处受伤，但刘国斌仍然忍着疼痛，与其展开搏斗，最终将匕首夺下。郭某见抢劫未得逞便下车逃窜，刘国斌开着车在后面紧追不舍，追至河东区李公楼桥附近时，刘国斌向正在等活的几位出租司机高喊："抓抢包的！"王连仲、张九居、李长钧闻讯后，从不同方向，向郭某包抄，最终在李公楼桥桥下将其抓获，并扭送至公安机关。

● 刘建彪

男，1965 年生人，中共党员，天津市河东区人，河北出租汽车联队司机。

2007 年荣获"天津市见义勇为先进个人"荣誉称号，2011 年被评为"津城的士英雄"。

主要事迹

2006 年 7 月 18 日 12 时许，刘建彪于天津市南开区水上北路候客时，发现数名男子将一男子殴打后推搡至一辆白色松花江面包车上，随后驶走。刘建彪见这一行人形迹十分可疑，便开车跟踪并拨打 110 报警。车行至外环线 15 号桥时，刘建彪再次和警方联系，并向警方讲明所在的具体位置，民警到达现场将涉嫌非法拘禁的十名歹徒抓获，刘建彪的见义勇为行为为警方能够第一时间抓捕罪犯提供了转机。

● **刘英明**

男，1964 年生人，天津市静海区人。

● **刘焕成**

男，1953 年生人，天津市静海区人。

● **李海营**

男，1972 年生人，天津市静海区人。

● **李海龙**

男，1964 年生人，天津市静海区人。

◉ 马毅

男，1963 年生人，天津市西青区人。

◉ 赵志立

男，1967 年生人，天津市西青区人。

刘英明群体，2007 年荣获"天津市见义勇为先进群体"荣誉称号。

主要事迹

2006 年 8 月 2 日，个体贩鱼户刘英明、李海龙、刘焕成、李海营四人，在天津市津南区八里台乡一养鱼池买鱼时发现，该养鱼池的一名打工者与公安机关通缉的一杀人犯相貌相似。为防止发生误会，他们又于转天再次确认，认定无误后向公安机关进行了报告。该犯多次躲过公安机关的追捕，十分狡猾，而且其打工的养鱼池离公路很远，周围视野开阔，如果大批陌生人或车辆进入会引起他的怀疑，容易使其再次逃脱。刘英明等四位群众主动要求一同前往，协助民警抓捕犯罪嫌疑人。为了做好伪装，民警又找到附近从事运输鲜鱼生意的马毅和赵志立，请他们利用自己运输鲜鱼的汽车掩护民警进入现场。马毅、赵志立二人听说是去抓捕重要逃犯，不顾自己的利益损失，毫不犹豫地卸下了车上的活鱼，放掉鱼箱里的水，让十几位民警藏到鱼箱中，将民警秘密地运送到现场。到达现场后，刘英明等四人积极配合民警，以买鱼为名接近犯罪嫌疑人，准确指认出嫌疑人，并与民警一起将其当场抓获。

◉ 荣长生

男，1944年生人，天津市河西区人，天津拉链厂退休职工。

2007年荣获"天津市见义勇为先进个人"荣誉称号。

主要事迹

2006年6月15日8时许，荣长生骑自行车途经天津市和平区新兴路与营口道交口等信号灯时，突然发现从旁边的一辆银灰色捷达汽车内冲出一名妇女，这名妇女一边喊："抓小偷"，一边追赶两名男青年。荣长生见状不顾个人安危，立即向两名男青年逃跑的方向追去。两名男青年窜进了和平区新兴路一楼群里并分头逃跑，荣长生紧紧追赶其中一名男青年，最终在和平区绵阳道附近将这名男青年抓获，并迅速用手机报警。待民警赶到后，荣长生协助民警将窃贼扭送到派出所。

● 王德起

男，1970 年生人，天津市塘沽区人。

2007 年荣获"天津市见义勇为先进个人"荣誉称号，被评为"津城百姓英雄"。

主要事迹

2006 年 9 月 7 日 17 时许，女青年焦某在天津市塘沽区新世纪网吧上网时，突然发现自己的手机丢失，随即对刚刚从其旁边离开的两名男青年产生怀疑，便立刻与网吧管理员将正要走出门的两名男青年拦住询问。其中一名男青年见状逃跑，被拦住后承认了盗窃手机的事实。当网吧的工作人员控制住该男青年正在报警时，突然从外面冲进三个手持尖刀的男青年，要挟网吧工作人员放人，并强行抢走网吧工作人员李某的手机。正在网吧内的王德起见状，不顾个人安危，与手持尖刀的歹徒进行搏斗。搏斗中，王德起被捅成重伤，送往第五中心医院抢救，经住院治疗康复后出院。

◑ 杨宝柱

男，1959 年生人，天津市南开区人。

2007 年荣获"天津市见义勇为先进个人"荣誉称号。

主要事迹

2006 年 8 月 7 日，杨宝柱通过与朋友聊天得知居住在天津市红桥区佳园里附近的修车人员手中有两辆汽车正在联系买主，且要价非常低，又没有购车手续，随即觉得十分可疑，便立即报告了公安机关。次日，公安机关根据杨宝柱提供的重要线索，将盗车犯罪嫌疑人连某某、销赃犯罪嫌疑人施某抓获，并当场缴获被盗车辆两部。在公安机关抓捕犯罪嫌疑人的过程中，杨宝柱机智勇敢，积极配合公安机关，指认并协助警方抓获了犯罪嫌疑人。

◐ 岳星

男，1986 年生人，中共党员，天津市静海区人，长沙国防科技大学学生（现南京陆军指挥学院现役）。

2007 年荣获"天津市见义勇为先进个人"荣誉称号，同年被评为"津城百姓英雄"。

主要事迹

2006 年 8 月 16 日 15 时许，古志彬夫妇驾驶摩托三轮车行至天津市静海县 2730 农场四分场青年渠桥转弯时，撞上桥帮，古志彬夫妇一同落入约三米深的工业污水河中。此时，在家休暑假的岳星与父亲驾车路过此处，见状立即下车救援。岳星不顾个人安危，没有顾上脱衣服就毅然跳入污水河中，先后几次出入水面，在其父亲的帮助下，将古志彬的妻子救上岸，紧接着，岳星又跳入水中，在其他群众的帮助下，将已沉入水底的古志彬救上岸。古志彬由于溺水时间过长已经死亡。

● 张文华

男，1954 年生人，天津市南开区人，天津市海河出租汽车有限公司司机。

2006 年荣获"天津市见义勇为模范""全国十大见义勇为好司机""全国见义勇为先进分子"荣誉称号，2011 年评为首届"津城的士英雄"。

● 高永成

男，1954 年生人，天津市南开区人，天津市联众出租汽车服务中心司机。

2006 年荣获"天津市见义勇为模范""全国十大见义勇为好司机""全国见义勇为先进分子"荣誉称号。

主要事迹

2006 年 2 月 15 日 6 时 45 分，高永成驾驶出租车在华苑小区附近搭载了一名神色慌张的乘客。该乘客衣衫褴褛却手持一个高档女包，十分可疑。在搭话中乘客声称刚刚实施了抢劫，并掏出尖刀威胁，让高永成少管闲事，只管开车，送他到河东区太阳城。高永成为了报警并稳住歹徒，谎称有车跟踪，诱使歹徒下车。歹徒下车后又搭乘张文华的出租车继续逃窜。高永成在报警的同时，驾车紧紧跟踪，并通过电话不间断地向公安机关通报方位，在行驶到河东区富民路附近时，民警根据高永成报告的方位用警车进行堵截，歹徒拿出尖刀架在张文华的脖子上，威胁张文华加速，不准停车。张文华故意提高车速，乘其不备突然刹车，并用手死死抓住歹徒的尖刀，与其英勇搏斗，致右手负伤。在民警和高永成的协助下，终将歹徒擒获。经查，歹徒杨某当夜确系持刀抢劫后逃窜。

◉ 陈敏

男，1964 年生人，天津市河北区人，联众出租公司出租车司机。

2007 年荣获"天津市见义勇为先进群体"荣誉称号。

主要事迹

2006 年 3 月 21 日 19 时许，王某伙同崔某驾驶一辆红色摩托车窜至河北区中山饭店门前抢夺事主王某提包，随即逃窜。两人窜至中山路与昆纬路交口时，发现有民警堵拦，遂绕过抓捕民警，向昆纬路方向逃窜。正在候客的出租车司机陈敏见状，协助民警将崔某抓获并及时将两名歹徒遗弃的赃物交给了民警。

◑ 赵宝良

男，1971 年生人，天津市津南区人。

2008 年荣获"天津市见义勇为先进个人"荣誉称号。

主要事迹

2006 年 12 月 17 日 14 时许，赵宝良途经天津市津南区小站镇东大站村时，得知一名男子盗窃后逃跑。他明知窃贼持有凶器，仍然不顾个人安危上前追赶。赵宝良不顾歹徒手中挥舞的匕首，毫不退缩，勇敢地同其展开搏斗。经过一番厮打，赵宝良手部、鼻部多处被砍伤，鲜血直流，但仍然强忍剧痛继续与歹徒斗争到底，终于在其他群众的帮助下将歹徒抓获归案。

◐ 王凤岭

女，1963年生人，天津市河北区人，天津市河北区昆云里居委会主任。

2007年荣获"天津市见义勇为先进个人"荣誉称号。

主要事迹

2006年11月19日13时许，天津市河北区一公寓内发生一起恶性杀人案件，公安机关根据线索，对犯罪嫌疑人可能藏身的地点进行排查。排查的小区居委会主任王凤岭得知这一情况后，主动申请化装成收水费的工作人员挨家挨户进行排查。通过王凤岭的不懈努力，最终锁定了犯罪嫌疑人的藏身地点，并告知了抓捕民警，抓捕民警根据这一线索，最终将犯罪嫌疑人抓获。

2007 年

◑ 常文福

男，1934 年生人，天津市红桥区人。

2008 年荣获"津城百姓英雄"荣誉称号。

主要事迹

2007 年 2 月 25 日 10 时许，常文福在自家楼下浇花，发现三名男子正将一辆电动自行车往汽车上搬。常文福觉得形迹可疑，便上前询问情况。三名男子见事情败露，便启动汽车准备逃跑。常文福边喊抓小偷，边用双手死死拽住汽车右侧反光镜，被行驶的汽车拖拽出 10 余米，汽车右前轮将常文福的胸部碾伤（七根肋骨骨折、肺部出血、右眼部撕裂伤），常文福忍着剧痛，仍死死地拽住反光镜。三名窃贼慌不择路，车撞在小区围墙上，遂弃车逃跑。

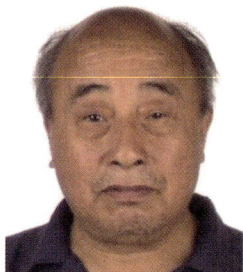

◉ 陈天光

男，1939年生人，中共党员，天津市河东区人，天津电子仪器厂工人。

2008年荣获"天津市见义勇为先进个人"荣誉称号。

主要事迹

2007年2月17日17时许，陈天光在河东区一市场内买菜时，发现一名外地男子正在用镊子盗窃他人钱包，遂上前制止，并与窃贼扭打在一起。潜伏在附近的窃贼同伙掏出弹簧刀上前对陈天光进行威胁。陈天光不顾个人安危，毅然向歹徒扑去，并紧紧抱住手持弹簧刀的歹徒。搏斗中，陈天光被犯罪分子捅伤腹部，但仍然强忍剧痛将其制伏，并送至公安机关。

◑ 邓光胜

男，1964 年生人，四川省人。

2008 年荣获 "天津市见义勇为先进个人" 荣誉称号。

主要事迹

2007 年 9 月 6 日凌晨 2 时 20 分许，窃贼顾某某窜至北辰区天重道马庄东新村王某某的小卖部中盗窃，被事主发现，二人厮打起来。租住此处的邓光胜闻声跑出来，毫不犹豫地上前协助抓捕窃贼。顾某某手持啤酒瓶将邓光胜头部、脸部多处打伤。经过一番搏斗，邓光胜最终将顾某某制伏并送至公安机关。

◑ 范学清

男，1985年生人，河北省人，天津市南开区时代奥城商业区保安员。

2008年荣获"天津市见义勇为先进个人"荣誉称号。

主要事迹

2007年7月6日20时30分许，窃贼姜某某窜至红旗南路易买得超市准备实施盗窃。当其从薛某某的购物车内盗走钱包准备逃跑时，被薛某某发现，随即薛某某高喊抓小偷。正在购物的范学清听到呼喊，立即朝姜某某逃跑的方向追去。当追至空军医院附近时，范学清将姜某某抓住并与其展开搏斗。搏斗中，范学清鼻梁骨被打折，左臂被咬伤，但他强忍剧痛，将姜某某制伏，并送至公安机关。

◑ 高庆银

男，1970年生人，天津市滨海新区人，天津公安大港分局海滨派出所辅警。

2008年荣获"天津市见义勇为先进个人"荣誉称号，2009年荣获"天津市见义勇为先进个人"荣誉称号，2012年荣获"天津市见义勇为模范"荣誉称号。

主要事迹

2007年7月17日13时30分许，刚刚和朋友聚会完的高庆银，手里拎着少半瓶白酒和打包的菜回家。途经彩虹里小区时，瞥见两名男子正将一辆电动自行车装上松花江面包车，两人还不时东张西望。"偷车贼！"，直觉闪过高庆银脑海。他马上掏出手机向派出所负责同志汇报了线索和具体方位。可是民警还没有到，那两名窃贼却已关上车门，发动汽车。高庆银急中生智，把菜一扔，又狂灌了几口酒，将瓶中酒洒在身上，摇摇晃晃、踉踉跄跄直奔那车……来到车前，右手一抬，大声喝道："开过来呀，我要打车……"两名嫌疑人正要逃走，却被眼前突然出现的这个"醉汉"一时弄得不知所措，其中一人下车跟高庆银解释："我们是私车，不是出租车。"或许是刚才那酒灌得太猛，高庆银真地呕吐起来。他顺势往车前地上一躺，嘴里叫骂不停。

两名嫌疑人不想"生事"，一起连劝带抬将高庆银搭到路边，再上车逃窜。高庆银一看表，足足拖延了3分钟，而正是这宝贵的3分钟，为民警最终擒获盗贼赢得了机会。赶到的警车迅速出击将两名窃贼拿下。经警方调查，从这两名犯罪嫌疑人身上破获了电动自行车盗窃案件100多起。

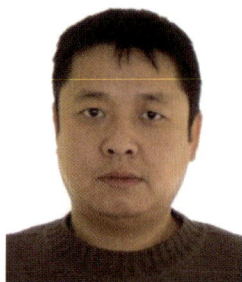

◉ 冀永新

男，1968 年生人，天津市河北区人，天津人和出租汽车公司司机。

2008 年荣获"天津市见义勇为先进个人"荣誉称号。

主要事迹

2007 年 8 月 8 日 22 时许，三名歹徒窜至天津市南开区二纬路地铁站附近抢夺女青年苏某的挎包后分头逃跑。其中两名劫匪搭乘了冀永新驾驶的出租车，二人一上车，冀永新便发觉他们形迹可疑。待二人下车后，冀永新立即拨打了报警电话，并跟踪他们至河东区一洗浴中心内，协助及时赶来的民警将二人抓获。

◎ 李疆滨

男，1973 年生人，天津市滨海新区人，天津银行塘沽支行员工。

◎ 褚俊昕

男，1969 年生人，天津市滨海新区人，天津市塘沽煤气有限公司员工。

◎ 王艳华

女，1970 年生人，天津市滨海新区人，天津开发区天崎汽车配件有限公司员工。

李疆滨群体，2008 年荣获"天津市见义勇为先进群体"荣誉称号。

主要事迹

2007 年 9 月 6 日 7 时 20 分许，窃贼胡某某及两名同伙窜至天津市塘沽区一集市盗窃自行车。三名犯罪嫌疑人的异常举动引起了在集市购物的褚俊昕、王艳华夫妇的注意。见胡某某撬开一辆自行车准备推走，褚俊昕和王艳华遂大声呼喊抓小偷。三名犯罪嫌疑人见状立即分头逃窜。褚俊昕夫妇一边追,一边拨打报警电话。在附近的李疆滨接到表哥褚俊昕的电话后,也开车赶到并加入到追逃的队伍中。李疆滨追上胡某某并抓住胡某某的衣领,胡某某挣脱后将盗来的自行车砸向李疆滨,掏出随身携带的匕首划伤李疆滨的右臂,继续逃跑,继而又持刀劫持了一名过路群众,扬言要伤害人质,李疆滨耐心劝导使其放开人质,胡某某将人质推开后继续逃跑。李疆滨紧追其后,最终在塘沽区港务局大楼前同赶来的公安民警合力将犯罪嫌疑人抓获。

● 李远洲

男，1954 年生人，天津市河西区人，生前系天津市市政工程局第五公司职工。

2007 年荣获 "天津市见义勇为模范"荣誉称号，2008 年被评为"津城百姓英雄"、首届"津门见义勇为十大勇士"，被评定为烈士。

● 任倡生

男，1949 年生人，天津市和平区人。

2008 年荣获"天津市见义勇为先进个人"荣誉称号。

主要事迹

2007 年 5 月 5 日 14 时许，河北省廊坊市女青年张某因感情问题在海河北安桥跳河轻生。其同行朋友见状大声呼喊："救人。"李远洲骑车从此经过，听到呼救声，立刻跳下自行车，毫不犹豫跳入水中，使尽全身力气，努力游向落水女子。李远洲拖住奄奄一息的落水女子奋力往岸边游，正在岸边垂钓的任倡生赶忙把渔线抛给落水女子，让周围的群众帮忙一起往上拉，自己则跳入河中。任倡生迎着李远洲游了过去，并从李远洲手中把女子接了过来，将其往岸边推，并在赶来的民警和群众帮助下，将落水女子救助上岸。李远洲则因河底渔网缠挂无力挣脱，最终因体力不支沉入水中不幸牺牲。

◑ 李宗海

男，1971 年生人，天津市武清区人。

2009 年获得"天津市见义勇为先进个人"荣誉称号。

主要事迹

2007 年 5 月 16 日 21 时 30 分许，一名妇女在天津市河东区万新村嵩山道附近，被一持刀男子将随身携带的手提包抢走，是见该男子骑自行车逃窜，遂大声呼救。途经此处的李宗海听见呼救声后，立即驾车追赶歹徒，追至万新村成荫路附近时将其截住。该歹徒持刀威胁李宗海，李宗海临危不惧，与歹徒展开搏斗，最终将其抓获并扭送到公安机关。

◑ 刘海龙

男，1952 年生人，天津市和平区人，天津市联运输服务公司退休职工。

2008 年荣获"天津市见义勇为先进个人"荣誉称号。

主要事迹

2007 年 10 月 17 日 8 时许，窃贼于某窜至 841 公交车上，欲实施盗窃。当车开至黄河道站时，于某趁事主薛某某不备，将其挎包内 5000 余元现金盗走。这一过程被站在旁边的刘海龙发现。刘海龙不顾个人安危，立即上前制止于某，并与其厮打起来。在二人厮打过程中，刘海龙右手第五掌骨基底部粉碎性骨折，但他强忍剧痛将犯罪嫌疑人于某抓获，并送至公安机关。

❶ 刘文友

男，1962 年生人，天津市河东区人。

❶ 高彦水

高彦水，男，1960 年生人，天津市河北区人。

刘文友群体，2008 年荣获"天津市见义勇为先进群体"荣誉称号。

主要事迹

2007 年 3 月 24 日 14 时许，歹徒洪某某伙同曹某持刀闯入河北区黄纬路一首饰加工店内实施抢劫，将店主何某某夫妇捅伤，抢走店内的现金、手机、金饰品等财物。见两名歹徒带着洗劫的财物离去，店主何某某忍痛追赶并高声呼救。正途经此处的刘文友、高彦水等人见此情况，毫不犹豫地一起追赶两名歹徒。经过 1000 余米的奋力追赶，最终将洪某某抓获，并交给了及时赶来的公安民警。

◐ 刘月芹

女，1960年生人，天津市红桥区人，天津联众出租汽车公司红桥分公司司机。

2007年荣获第四届"全国见义勇为好司机"荣誉称号，2008年荣获"天津市见义勇为先进个人"荣誉称号。

主要事迹

2007年1月7日23时许，歹徒刘某某、赵某、马某三人持刀闯入天津市南开区一通讯店内，将该店经营者父子两人捅伤，抢劫手机20部、人民币1500余元。作案后三人分乘两部出租车逃窜。刘某某独自一人携带赃款从西站搭乘刘月芹驾驶的出租车，逃往静海县。途中，刘月芹发现刘某某面部有血迹，用手触摸其携带的布包，发现内有多部手机，便对其产生怀疑。刘月芹以出租车出市要作登记为由，直接将车开到公安机关设在南开区红旗路的卡口院内。刘某某被公安民警当场抓获。

刘月芹作为一名普通女性司机，遇到紧急情况有勇有谋，临危不惧，用自己的实际行动为"平安天津"贡献出了一份力量。

◐ 马秀建

男，1969 年生人，天津市东丽区人。

2008 年荣获"天津市见义勇为模范"荣誉称号，同年被评为"津城百姓英雄"、首届"津门见义勇为十大勇士"。

主要事迹

2007 年 8 月 23 日 17 时许，歹徒王志强、张文、李波在东丽区赵北村一手机店实施抢劫，三名歹徒将店主打伤并抢走手机 10 余部。此时，村民马秀建听到店主的喊声，便与边喊边追的店主一起上出租车追赶歹徒。追至附近村庄时，王志强见难以脱身，遂持砖头威胁他们，并胁持了一名小女孩，马秀建毫不退缩，先与小女孩的父亲孙某某一起劝说王志强放下女孩，随后又和店主趁其不备将其制伏，并扭送至公安机关。

2015 年 3 月 23 日 10 时许，村民陈某某在自己承包的地里盖蔬菜大棚，看到旁边沈家地里着火，火势已蔓延到旁边的住房。陈某某迅速上前救火并打电话报警、叫人。马秀建赶到后与陈某某不顾个人安危，进入已经着火的住房中搜寻被困人员，在确定屋内无人后，又迅速在火场周围开辟空地，最大程度地防止了火势蔓延，使得临近的蔬菜大棚免于火灾，避免经济损失价值 50 余万元。

◑ 乔林

男，1980年生人，中共党员，天津市河西区人，时为天津师范大学学生。

2008年荣获"天津市见义勇为模范"荣誉称号。

主要事迹

2007年12月28日7时30分，一女青年在南开大学东门附近津河旁便道上行走，因雪后路滑，不慎落入津河中，遂大声呼救。天津师范大学学生乔林从此路过，闻声立即跑到河边，跳入冰冷的河水中，将女子救上了岸。随后，乔林不顾严寒，自己浑身湿透，将该女子送到了南开大学保安室，并配合及时赶到的公安民警将其送往医院进行救治。

◑ 石慧生

男，1961 年生人，天津市河北区人，天津市海河出租汽车五公司司机。

2007 年荣获第四届"全国见义勇为好司机"荣誉称号。

主要事迹

2007 年 1 月 11 日 16 时 30 分许，在天津站西货场 1 号门附近的废品收购站，刘某某看到收废品的何某某手中拿着刚刚收到的废品交易款，遂产生了抢劫之意，尾随何某某进入废品收购站后，从腰间拔出一把长刀，威胁何某某交出现金。何某某进行反抗，与刘某某厮打起来。在厮打过程中，何某某耳部和臀部被刘某某刺伤。正在此处候客的出租车司机石慧生不顾个人安危，立即下车跑到案发地点，空手夺下刘某某手中的长刀，并将其制伏送至公安机关。

◑ 史宝刚

男，1961 年生人，天津市河西区人。

2008 年荣获"天津市见义勇为先进个人"荣誉称号。

主要事迹

2007 年 2 月 16 日 11 时许，史宝刚途经洞庭路长泰河时，听见河中有人呼救，循声望去，发现在离岸边大约两米远的河内冰窟中有一个小女孩在奋力挣扎。史宝刚不顾个人安危，毫不犹豫踩着即将开裂的冰面，向小女孩所在的冰窟跑去，并顺利地将落水女孩从冰冷的河水中拖拽上岸，成功地解救了落水女孩。

◑ 孙茂柱

男，1960 年生人，天津市和平区人。

2008 年荣获"天津市见义勇为先进个人"荣誉称号。

主要事迹

2007 年 10 月 11 日 11 时许，李某某在天津市河北区富多来饭店就餐，将手包放在身旁椅子上。该饭店店员孙茂柱见一男子偷走手包并藏于外衣内，随即上前抓住该男子，奋力与其争夺手包。该男子的几名同伙将孙茂柱围住并对其进行殴打，在殴打过程中，其中一名男子掏出匕首将孙茂柱左小臂捅伤后逃走，但事主李某某的手包被成功夺回。

◐ 王光旭

男，1984年生人，天津市静海区人。

2008年荣获"天津市见义勇为先进个人"荣誉称号。

主要事迹

2007年11月9日20时许，王光旭在天津市静海县一酒店附近发现三名男子驾驶一辆红色汽车，形迹十分可疑。考虑到此前一段时间附近经常发生抢劫案件，且三名男子特征与群众描述非常相近，便立即打电话报警。为防止三人逃离，王光旭一直在酒店门前蹲守，待派出所民警到达，王光旭协助民警将三名犯罪嫌疑人抓获。经审理查明，三名犯罪嫌疑人自2006年以来，驾驶摩托车、汽车在本市各区抢劫、抢夺作案100余起。

◑ 王琳

男，1957年生人，天津市河西区人，天津市市政四公司职工。

2008年荣获"天津市见义勇为先进个人"荣誉称号。

主要事迹

2007年6月17日19时30分，窃贼马某伙同两名同伙，在天津市环湖医院对面存车场内，砸碎一辆汽车的玻璃，盗窃了车内的所有财物。这一犯罪过程被路过此处的王琳发现，王琳随即对三名窃贼进行追赶。三人见事情败露，便分头逃窜，王琳对马某紧追不舍，当追至紫金山路一小区内时，马某见无路可逃，便掏出匕首威胁王琳。王琳毫不退缩与其展开搏斗，最终将马某制伏，并配合赶来的公安民警将其送至公安机关。

● 肖树斌

男，1976 年生人，天津市西青区人。

2008 年荣获"天津市见义勇为先进个人"荣誉称号。

主要事迹

2007 年 11 月 20 日 21 时许，肖树斌到天津市西青区杨柳青镇串亲，途经杨柳青监狱附近，发现三名男子推着一辆摩托车，形迹十分可疑，又联想到邻居刚刚丢过一辆类似的摩托车，便上前询问。三名男子见状，扔下摩托车，迅速逃窜。肖树斌紧追不舍，最终将其中一名犯罪嫌疑人抓获，并送往公安机关。

◐ 信松贵

男，1952年生人，中共党员，天津市静海区人，天津市静海区中旺镇王官庄砖厂厂长。

2008年荣获"天津市见义勇为先进个人"荣誉称号。

主要事迹

2007年10月1日20时许，静海县一服装厂厂长信金树的办公室突然闯进一名男子，当时屋里正有两名女工，该男子右手持刀架在一女工的脖子上，左手紧紧搂住另一女工，并疯狂叫嚣不让屋内的其他人动，声称谁动就杀死女工。在双方僵持的情况下，信松贵趁案犯不备，将手中的茶水泼到歹徒脸上，并迅速上前夺刀。在与男子厮打的过程中，信松贵的下颌被捅了一道长约10厘米的伤口，鲜血直流。他忍住剧痛，用双手紧紧抓住歹徒手中的刀并与其坚持搏斗。此时民警及时赶到，与信松贵一起将案犯抓获，两名人质安全获救。

◉ 邢玉和

男，1959年生人，天津市北辰区人。

2008年荣获"天津市见义勇为先进个人"荣誉称号。

主要事迹

2007年8月2日3时许，李某某窜至王庄村一女子租住的屋内，欲对女子实施强奸。女子奋力反抗，李某某将其掐死后穿着短裤赤脚逃离现场。当日5时30分许，邢玉和在自家胡同口发现李某某光着身子，前胸及后背均有被抓伤痕迹，外地口音，言语支吾，十分可疑。邢玉和将其稳住后，立即报警并向村治保会报告，后协助民警和治保会人员将李某某抓捕归案。

◑ 杨建华

男，1961年生人，中共党员，天津市蓟州区人。2008年荣获"天津市见义勇为先进个人"荣誉称号。

主要事迹

2007年8月17日，蓟县官庄镇集市一商贩李某因琐事将另一商贩用刀刺死后逃跑。据目击群众反映，凶手往野沟村方向逃窜，正在赶集的野沟村支部书记杨建华闻讯，带领两名村民向凶手逃跑方向追去，并通过手机向公安民警及时反馈凶手的确切位置，与民警一起将凶手李某抓获归案。

● 张立喜

男，1965年生人，天津市河北区人，联华公司北站停车场职工。

2009年荣获"天津市见义勇为先进群体"荣誉称号。

主要事迹

2007年10月30日11时，赵某骑自行车行至河北区北站地道口时，被4名男子尾随，其中一名男子在盗窃赵某背包内财物时，被赵某发现。随即4名歹徒对赵某进行殴打并持刀恐吓。在附近停车场工作的张立喜听到被害人呼救后，立即赶到案发现场进行救援，最终将其中一名歹徒抓获，并交给了公安民警依法处理。

■ 2008 年

◉ 巴庆祝

男，1960 年生人，天津市河北区人。

2009 年荣获"天津市见义勇为先进个人"荣誉称号。

主要事迹

2008 年 11 月 19 日 15 时许，一歹徒自天津市红桥区丁字沽三号路尾随从银行取款的受害人至风貌里小区附近，持刀将受害人装有 1.5 万元现金的手提袋抢走，逃入风貌里小区内。受害人大声呼救，巴庆祝闻声追赶，歹徒见有人追赶，遂掏出尖刀进行威胁，巴庆祝面对尖刀毫不畏惧，不顾个人安危与歹徒英勇搏斗，最终在其他群众协助下将其抓获，并扭送到公安机关。

◑ 冯玲

女，1971年生人，中共党员，天津市南开区人。
2009年荣获"天津市见义勇为先进个人"称号。

主要事迹

2008年8月28日14时许，一歹徒手持木棍窜至河北区如皋社区卫生院内，无故对医护人员进行殴打，又欲殴打一输液女孩。正在此处办事的冯玲见状立即冲上前去紧紧护住该女孩，用自己的身体挡住了袭来的木棍。冯玲随即与该歹徒进行搏斗，并将其引出了医院，避免了发生更为严重的后果。后该歹徒被及时赶来的公安民警制伏。在搏斗中，冯玲右肩锁骨远端粉碎性骨折，右耳裂伤。

◐ 罢洪胜

男，1987 年生人，天津市滨海新区人。

2009 年荣获"天津市见义勇为先进个人"荣誉称号。

主要事迹

2008 年 3 月 3 日 10 时许，滨海新区新城镇一村民发现两个窃贼，随即大喊抓贼。罢洪胜听到喊声后，立即赶到事发地，两个犯罪嫌疑人见有人追来，分头逃窜。罢洪胜不顾个人安危，一口气追出三千米，最终抓获其中一名窃贼，并将其扭送到公安机关。

◑ **高大淼**

男，1964年生人，天津市西青区人。

2009年荣获"天津市见义勇为先进个人"荣誉
称号。

主要事迹

2008年5月15日20时许，高大淼驾驶汽车在河西区友谊路红蜡烛餐厅门前停车时，发现一男子撬窃一轿车内财物后逃跑。高大淼立即开车跟随，并拨打电话报警。公安民警赶到现场后，在高大淼的指认下，将该窃贼抓获。由此，成功破获涉及和平区、河东区、河西区等地撬盗车内财物案件35起。

❶ 黄显玲

女，1982年生人，陕西省人，红桥区沁川香园火锅店服务员。

❶ 杨访成

男，1985年生人，甘肃省人，红桥区沁川香园火锅店服务员。

❶ 秦国东

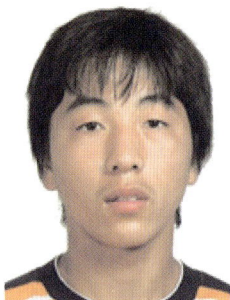

男，1988年生人，山东省人，红桥区沁川香园火锅店服务员。

❶ 叶斌

男，1978年生人，天津市红桥区人，顺丰速递公司职工。

黄显玲群体，2009 年荣获"天津市见义勇为先进群体"荣誉称号，同年被评为"津城百姓英雄群体"；2013 年被评为"津城见义勇为十大勇士"。

主要事迹

2008 年 2 月 26 日 20 时许，四名男子在沁川香园火锅店就餐，其中一名男子欲盗窃邻桌顾客的钱包，被服务员黄显玲发现。四名窃贼见事情败露欲逃走，黄显玲和另外一名服务员立即上前阻拦，其中一名歹徒遂持刀进行威胁。黄显玲率先冲上前去，死死地抓住持刀窃贼，疯狂的歹徒用匕首将黄显玲捅伤后逃窜。服务员杨访成见此情形，勇敢地追了出去，也被歹徒用匕首划伤。黄显玲、杨访成二人强忍剧痛与赶来的服务员秦国东一起乘车追赶四名歹徒，追至红桥区三号路与四新道交口，在路过群众叶斌的配合下，抓获其中一名歹徒，并送到公安机关，其余三名歹徒也先后落网。

❶ 李伟森

男，1963 年生人，天津市蓟州区人。

2009 年荣获"天津市见义勇为先进个人"荣誉称号，被评为"津城百姓英雄"。

主要事迹

2008 年 4 月 29 日，蓟县五里桥菜市场发生一起杀人案。歹徒醉酒杀人后逃到附近渔阳镇中学门前，被正在传达室值班的校长李伟森发现。李伟森临危不乱，控制事态，将持刀的歹徒引到僻静的锅炉房，使在门前围观的学生免受伤害或挟持。李伟森还苦口婆心地给歹徒做思想工作，在他的感化下，歹徒最终投案自首。

❶ 梁双来

男，1961 年生人，天津市河东区人。

2009 年荣获"天津市见义勇为先进个人"荣誉称号。

主要事迹

2008 年 11 月 29 日 10 时许，一歹徒以买彩票为借口持刀窜至天津市河东区大王庄诚厚里媛媛花店（兼经营彩票）内，趁女店主不备，先是掐住女店主的脖子，随后用刀架在她的脖子上，准备实施抢劫，女店主用力挣扎并大声呼救。在隔壁经营的梁双来听到呼救声，立即赶到现场，见歹徒用刀架在女店主的脖子上，梁双来连忙上前营救。在搏斗中歹徒的刀掉落，遂欲逃跑。梁双来和女店主合力将其制服，并扭送到公安机关。

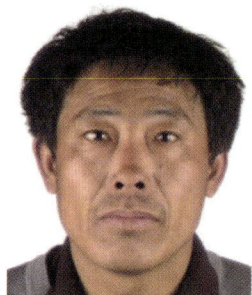

◑ 刘敬海

男，1964 年生人，天津市北辰区人。

2009 年荣获"天津市见义勇为先进个人"荣誉称号，同年被评为"津城百姓英雄"。

主要事迹

2008 年 1 月 10 日 16 时许，刘敬海骑自行车途经北辰区西堤头镇刘快庄村机排河时，看到有两名儿童正在河面冰窟中挣扎，刘敬海连忙跑到河边，见冰层不断碎裂，无法从冰上接近落水儿童，随即不顾个人安危，跳入冰冷的水中，以手破冰，艰难地游向河中心正在挣扎的儿童。河中心水深齐胸，冰冷刺骨，刘敬海咬紧牙关，奋力托起在水中挣扎的两个孩子，将他们救上了岸。

● 马卫林

男，1986 年生人，天津市宝坻区人。

2009 年荣获"天津市见义勇为先进个人"荣誉称号。

主要事迹

2008 年 11 月 8 日 10 时许，马卫林在宝坻区新安镇赶集时发现一辆面包车内装有一辆电动自行车，该车走走停停，形迹十分可疑。马卫林立即将此情况报告给新安派出所，且一直对嫌疑车进行跟踪，后协助派出所民警成功拦截该车，抓获了窃贼。

◐ 武振亮

男，1988 年生人，山东省人，鼎鼎香火锅店
服务员。

2009 年荣获"天津市见义勇为先进群体"荣
誉称号。

主要事迹

2008 年 5 月 17 日 0 时许，歹徒赵某在南开区居贤里小区内持刀抢劫
女青年李某后逃跑。李某大声呼救，鼎鼎香火锅店的员工武振亮等人闻讯
赶来，并追赶歹徒。在与歹徒搏斗的过程中，武振亮等人毫不畏惧，最终
协力将赵某抓获，并送至公安机关依法处理。

◑ 夏有利

男，1961 年生人，天津市滨海新区人，滨海新区公安局大港分局海滨派出所辅警。

2009 年荣获"天津市见义勇为先进个人"荣誉称号。

主要事迹

2008 年 6 月 3 日 22 时许，滨海新区公安局大港分局海滨派出所辅警夏有利在巡逻时，得知大港油田一小区内发现两名形迹可疑的男子，随即赶到事发地点对其拦截盘查。见两名男子准备逃跑，夏有利连忙冲上前去阻拦，并与其展开搏斗。歹徒持棍棒进行反抗。在搏斗过程中，夏有利左腿被棍棒击中，身上多处受伤，仍然不顾疼痛继续与之搏斗，最终在同事的帮助下将两名歹徒抓获，并交给公安民警依法处理。

◉ **杨凤全**

男，1975 年生人，天津市宁河区人。

2009 年荣获"天津市见义勇为先进个人"荣誉称号，2012 年荣获"天津市见义勇为先进个人"荣誉称号。

主要事迹

2008 年 3 月 27 日 16 时许，杨凤全驾驶汽车外出，行至 xx 区 xx 镇姜甸村路时，发现一辆黄色轿车由对向驶来，该车行驶速度缓慢，车上五名男青年交头接耳，形迹十分可疑。杨凤全迅速调转车头跟踪该车，该车行至岳龙镇砖厂时，车上司机下车进入砖厂院内，杨凤全一边观察可疑车辆和车上人员，一边电话报警。正在这时该车突然起动，要驶离砖厂。杨凤全不顾个人安危上前拦住该车。通过及时赶来的公安民警进行比对，车上一名男子系网上在逃人员。

2008 年 5 月 10 日 10 时许，杨凤全偶遇公安民警正在抓捕在逃人员胡某。胡某拒捕逃窜，并向追捕民警投掷砖块，杨凤全不顾个人安危协助公安民警拦截胡某，头部被胡某投掷的砖块砸伤，仍然忍着疼痛，追出 50 余米，与公安民警一起将胡某制服。

2010 年 11 月 18 日 8 时许，宁河区岳龙镇薛某家房屋突然起火，由于风势较大火焰四窜，邻居院内堆有大量棉花，具有极大的引燃危险。途经此处的杨凤全见此情况，立即组织附近村民灭火。他带领几个村民将棉花抢搬出来，当得知薛某屋中有一煤气罐时，不顾随时爆炸的危险，立即拎起一桶水，冒火冲进存放煤气罐的房间，把水浇在煤气罐上，将煤气罐抢搬了出来，及时避免了人员伤亡和财产损失事故的发生。杨凤全与在场群众经过两个多小时的奋战，终于将大火扑灭，避免了群众财产遭受更大的损失。

◑ 杨智辉

男，1970年生人，天津市南开区人，亨达阳光客运有限公司司机。

2009年荣获第六届"全国见义勇为好司机"荣誉称号。

主要事迹

2008年6月1日2时许，两名歹徒在水上公园北路，趁事主不备将其皮包抢走。该事主大声呼救。杨智辉驾驶出租汽车正途经此处，见此情况后，立即驾车追赶，凭借自己娴熟的驾驶技术，将两名骑自行车的歹徒挤倒，并迅速下车扑向歹徒与其搏斗。面对两名歹徒，杨智辉没有丝毫的畏惧，紧紧抓住其中一名歹徒不放，在赶到的事主帮助下，将其制服并夺回被抢皮包。后杨智辉拨打110报警，将歹徒交给公安民警。

2008年9月16日3时许，杨智辉像平常一样出车运营，行驶至河西区尖山路附近时，看到一名歹徒趁事主不备将其随身携带的挎包抢走，并骑自行车逃窜。杨智辉没有丝毫的犹豫，立即掉转车头，驾车追出1000余米，在中环线解放南路立交桥下将该歹徒挤倒，并迅速冲下车扑向歹徒，在两位市民的协助下，将歹徒成功抓获，送至公安机关。

◑ 于学锋

男，1970 年生人，天津市宁河区人。

2008 年荣获"全国见义勇为好司机"荣誉称号，2009 年荣获"天津市见义勇为先进个人"荣誉称号。

主要事迹

2008 年 3 月 13 日 11 时，于学锋驾驶农用车行至宁河区 xx 镇 xx 村西芦宝公路，发现前方不远处有一名男子驾驶摩托车，抢夺一名路边妇女的耳环后逃跑。他马上掏出手机拨打报警电话，同时追赶逃窜的歹徒。当歹徒逃窜至鱼池附近时，于学锋拦截到歹徒，歹徒穷凶极恶，掏出匕首威胁于学锋。于学锋拿起自己车上的工具与其搏斗，并将慌不择路的歹徒追至无路的河边，后协助及时赶来的公安民警将其抓获。

◉ 翟文清

男，1962 年生人，天津市南开区人，天津市银建的士有限公司司机。

◉ 刘卫东

男，1951 年生人，天津市红桥区人。

◉ 周成

男，1962 年生人，天津市红桥区人。

翟文清群体，2009 年荣获"天津市见义勇为先进群体"荣誉称号。

主要事迹

2008 年 9 月 16 日 16 时许，犯罪嫌疑人向某窜至红桥区文昌宫小学附近，抢劫受害人张某书包后逃跑，张某随即大声呼叫求救。不远处的刘卫东、周成二人闻讯后，立即追赶向某，向某逃至红桥区芥园道邮局附近欲搭乘翟文清驾驶的出租车逃往西站。翟文清见向某手提一花色书包，且神色慌张，行迹十分可疑，便拖延时间没有立即开车。向某见状正欲下车，被及时赶来的刘卫东、周成等人当场抓获，并将其交给及时赶来的公安民警。

● 张凤来

男，1983 年生人，天津市武清区人，生前系公安武清分局交警支队崔黄口大队交通协管员。

2008 年荣获"天津市见义勇为模范"荣誉称号，2009 年被评为"津城百姓英雄"，被评定为烈士。

主要事迹

2008 年 2 月 16 日 10 时许，公安武清分局交警支队崔黄口大队民警孙元月、徐士勇带领交通协管员张凤来三人，在武清区津围公路崔黄口春运检查服务站执勤。一辆大客车停车接受春运安全检查。客车司乘人员赵海兴在张凤来的引导下，到停放在路边的执勤警车旁登记。这时，一辆由对向行驶而来的大货车在距离执勤警车 30 米处，左后轮轴断裂，双排车轮甩出，砸向警车旁的赵海兴。站在赵海兴身后 2 米远的张凤来发现险情，大喊一声："轮胎，注意！"随即扑向毫不知情的赵海兴，用自己的身体阻挡飞来的车轮。车轮将张凤来和赵海兴击倒后，又将警车撞出 4 米远。张凤来因伤势严重，在送往医院途中不幸壮烈牺牲。

◎ 张文革

男，1979 年生人，天津市南开区人，天津市公安消防总队 45 中队战士。

◎ 王兴

男，1986 年生人，天津市河东区人，天津市公安消防总队 45 中队战士。

◎ 李宝森

男，1947 年生人，天津市南开区人。

张文革群体，2009 年荣获"天津市见义勇为先进群体"荣誉称号。

主要事迹

2008 年 4 月 28 日 11 时许，一名歹徒在南开区鹤园南里一号楼前持剪刀抢劫受害人贺某放在自行车车筐内的书包，沿苑西路由南向北逃窜。途经此处的消防 45 中队战士张文革、王兴和过路群众李宝森听见贺某的呼救声后，随即追赶歹徒，追至鹤园北里时将犯罪嫌疑人截住。张文革等三人毫不犹豫地上前与歹徒搏斗，最终将其抓获。李宝森从歹徒身上搜出了作案用剪刀，三人一起将其扭送到公安机关。

❶ 张义新

男，1983 年生人，天津市西青区人。

❶ 楫磊

男，1988 年生人，天津市西青区人。

❶ 郝磊

男，1990 年生人，天津市西青区人。

❶ 沈春永

沈春永，男，1945 年生人，天津市西青区人。

张义新群体，2009 年荣获"天津市见义勇为先进群体"称号。

主要事迹

2008年7月4日12时，西青区辛口镇沈春永在途经村东的碱河大堤时，发现停放于此的2辆北京牌照车辆旁有3个男青年挟持1名男子，其中1名男青年手中持有尖刀。沈春永不顾个人安危，上前询问情况，并叫住从此路过的张义新、楫磊、郝磊等人，打算一起进一步问明情况。此时2名男青年忙上车欲逃，另外1名男青年则抓着被挟持的男子企图上车。张义新等几人迅速上前拦截，并同该歹徒进行英勇搏斗，最终成功解救被挟持男子，并将其中1名犯罪嫌疑人抓获，送到公安机关。

○ 张长远

男，1978 年生人，天津市河东区人。

2008 年荣获"全国见义勇为好司机"荣誉称号，2009 年荣获"天津市见义勇为模范"荣誉称号，同年被评为"津城百姓英雄"，2013 年被评为"津城见义勇为十大勇士"。

主要事迹

2008 年 5 月 19 日 11 时 30 分许，张长远驾车从停车场驶出，突然发现在自己左手边垂直方向，一辆银灰色夏利轿车以惊人速度闯过红灯，并全速冲向人行横道上正在过马路的一家四口。一男子被撞飞到路边，一对老夫妇和一年轻姑娘被撞得腾空而起，夏利车竟加大油门急速逃离现场。眼前的一幕令所有人都蒙了，张长远的脑子里一片空白，但被撞人落地的闷响让张长远一下子回过神来。"快打电话报警！"张长远一边安排车内朋友报警，一边飞一般地追了出去。

夏利车沿福安大街由东向西飞奔，当追至荣业大街时，张长远突然提速超出夏利车半个车头，猛地打轮直接撞到夏利车的左前方，试图将其逼停。但夏利车毫不减速，继续夺路而逃。时值中午，路上车辆和行人都很多，夏利车再次撞倒一名骑车人，仍然疯狂加速行驶。如此疾驰，夏利车就会冲向人流如织的步行街，后果不堪设想。看到潜在危险的张长远在这千钧一发之际，将油门踩到底猛打轮，两辆全速疾驰的轿车齐头平行挤到了一起。夏利车最终被张长远挤出车道直奔便道，撞到灯柱上，停了下来。

◉ 刘爱刚

男，1977 年生人，天津市东丽区人。

◉ 陈吉庆

男，1965 年生人，天津市东丽区人。

刘爱刚群体，2009 年荣获"天津市见义勇为先进群体"荣誉称号。

主要事迹

2008 年 10 月 24 日 15 时许，窃贼王某窜至东丽区赵北村连续入室盗窃 4 户，在徐春利家盗窃时被其发现，遂逃跑。徐春利立即驾车与同在一起的刘爱刚追赶王某。村民陈吉庆等人路过此处，也主动参与追赶。徐春利、刘爱刚在赵北村的养鱼池附近将王某截住，随后几人联手将其制服，并送到公安机关。

■ 2009 年

● 梁建力

男，1954 年生人，天津市南开区人，天津市汽车出租总公司保管员。

2010 年荣获"天津市见义勇为先进个人"荣誉称号。

主要事迹

2009 年 12 月 9 日 13 时许，一名骑自行车的歹徒在南开区水阁大街与东马路交口实施抢劫，将一女子挎包抢走（包内有数码照相机等物品，经估价 1170 元）。女子随即大喊："有人抢包。"开车途经此处的梁建力听到喊声，立即驾车追赶。追至南城街附近时将歹徒抹倒，并将其抓获，交予公安机关依法处理。

❶ 安艳江

男，1973 年生人，天津市武清区人。

2009 年荣获"天津市见义勇为先进个人"荣誉称号。

主要事迹

2009 年 4 月 21 日 11 时许，一男子因购买电器与商店店主发生口角后，掏出随身携带的尖刀将店主捅伤。店主受伤后挣扎逃出店外，该男子仍继续持刀追赶。安艳江见此情况后，立即冲上前去，奋力抢夺其手中的尖刀。在搏斗过程中，安艳江的右手、腰部等多部位被捅伤，但仍然强忍伤痛，继续与歹徒周旋，直至该歹徒被赶来的公安民警制服。

◑ 陈如亮

男，1933年生人，天津市河东区人，中共党员，天津第三棉纺厂工人。

◑ 陈涛

男，1981年生人，山东省人，天津市路桥工程公司员工。

◑ 周界臣

男，1957年生人，天津市南开区人，天津市政工程二公司三工区工人。

◑ 李宝伟

男，1972年生人，天津市津南区人，天津第六棉纺厂员工。

◑ 孙美琴

女，1963 年生人，天津市西青区人。

陈如亮群体，2010 年荣获"天津市见义勇为先进群体"荣誉称号。

主要事迹

2009 年 9 月 2 日 13 时 40 分许，刘某某上班途经国泰桥附近时，被两名男子抢走手提包和金项链等物品，随即边追边呼救。正在海河边练武术的陈如亮、李宝伟和在此练车的孙美琴以及在附近工地施工的陈涛、周界臣等人闻声奋力追赶两名歹徒。两名歹徒掏出匕首，威吓追赶的群众。陈如亮等人毫不畏惧，手持练武的齐眉棍、宝剑等物将其围住，并呵斥歹徒放下凶器。面对众人的包围，两名歹徒见无法逃脱，遂放下凶器就擒。

● 高文海

男，1984 年生人，天津市西青区人，中共党员，公安局西青分局巡防二大队巡防员。

2009 年荣获"天津市见义勇为先进个人"荣誉称号，2010 年被评为"津城百姓英雄"。

主要事迹

2009 年 2 月 20 日 21 时许，高文海在和三位同事巡逻时，接到案情通报：一伙盗贼作案后驾驶一辆右后门有凹痕的金杯车逃逸。按照指令，高文海所在的巡防车被安排到外环线 15 号桥下进行布控，高文海和同事们密切关注着往来车辆。不久，高文海看到一辆金杯车由西向东快速驶来，车身右侧正有一处凹痕。他们随即发动车辆，一边悄无声息地跟上去，一边用电台向上级报告。驶出一两千米后，金杯车里的人意识到有人跟踪，突然提速。高文海和同事们连忙跟上。金杯车在行驶过程中试图从路边绿化带空档处逃离，导致右前轮车胎被硌爆，但车并未停下，随即拐进了一条乡间小路。由于车胎破损，不久便失去平衡侧翻在路上。车内的四名男子连忙爬出，四散奔逃。

高文海等也迅速跳出巡逻车，向那几个人追去。高文海追的是一名身材魁梧的男子。年轻矫健，在部队中曾常年苦练的高文海，很快追上了那人，并挥舞手中警棍，连续两次抽打在对方的腿上，没想到歹徒速度却丝毫未减。于是，高文海一个纵身，奋力前冲将该男子扑倒在地，死死压住其身体。两人在地上翻滚厮打，另外一名同事跑过来支援高文海，与歹徒进行搏斗，最终合力将该歹徒制服。高文海又要继续去追另外一名歹徒时，突然感觉左手掌一阵剧痛，低头一看，手背竟突出来一块，原来是第三根指骨在搏斗中被折断了。

在接受采访中，不善言谈的"编外巡警"高文海却说出了几句铿锵有力的话："我虽然不是真正的警察，但我愿意为家乡父老巡逻放哨。如果这些害群之马这次又没能被抓到，以后不知道还会祸害多少人。能够抓到他们，我不过才拼断一根骨头，值！以后，我会让自己的骨头更硬！"

◎ 李兵

男，1978 年生人，天津市滨海新区人，天津市保安服务总公司大港分公司保安员。

2009 年荣获"天津市见义勇为模范"荣誉称号，2010 年被评为"津城百姓英雄"。

主要事迹

2009 年 4 月 13 日 5 时许，滨海新区大港华夏线路板有限公司监控室的值班人员张双兵从监控中发现 6 名蒙面男子从围栏外跳入厂内并直奔厂房，保安员李兵立即前往该院巡视，与迎面出来的 6 名歹徒相遇。这 6 名歹徒都以女士丝袜和无檐毛线帽将脸遮住，每人手中都拖着一条装满东西的大麻袋，所有人

"从开始对峙到歹徒挣脱我，也就 150 秒，其中有 10 秒钟我眼前看着的全是枪口。"后来李兵回忆当时的场景说。面对枪口，李兵的第一反应就是"躲开"。"可能是我左右跑动、对方也紧张的缘故，第一枪没打中我。"随即，李兵顺势前扑，左手用伸缩棍猛击对方，右手去夺猎枪。持枪歹徒不断后退并抢枪与李兵搏斗。另外 5 名歹徒此时也放下麻袋，操着长柄断线钳、金属棒球棍围攻李兵，李兵挥舞着伸缩棍与几名歹徒混战在一起。

李兵追打其中一人时，持枪歹徒从侧面对李兵开了一枪，李兵的右腿一阵灼热。"就像是烙铁烙了一下似的，没有痛觉，但腿不好使了。"李兵顿了一下，遂即又向前扑倒一人，用双臂死死勒住对方脖子，腿缠住对方腰部。几名歹徒用断线钳、棒球棍猛击李兵头部、背部并用脚踹李兵头部，终于将李兵打倒在地，几近昏迷。李兵被随后赶来的同事急送医院救治，辗转了四家医院做了三次手术才将腿保住，住院半年才能下地走路，腿部肌肉萎缩。

● 李广勇

男，1975年生人，天津市津南区人，天津市公安局津南分局双港派出所协勤。

2011年被评为"津城百姓英雄"，2012年荣获"天津市见义勇为先进个人"荣誉称号。

主要事迹

2009年9月30日20时许，李广勇和同事驾车在新家园管界巡逻，在沿景荔路自东向西缓慢行驶时，李广勇隐约看见不远处工地围墙边，两个人影艰难地推着三轮车迎面走来。两名男子看上去年轻力壮，有三轮车为啥不骑却偏偏推着走？想到这儿，李广勇立即停车上前拦下这两名推车男子。"你们干啥的？车里装的什么，咋这么重呢？"见二人支支吾吾，李广勇快步上前一把掀开苫布。满车的建筑专用卡口让李广勇吃了一惊，这种卡口单枚的价值近10元，这满满一车的卡口价值不低。"你们到底是干啥的？这些哪来的？"不料，话音未落，一记冷拳结结实实地打在了李广勇的头上，正中左耳。一阵嗡鸣后，李广勇与袭击自己、正欲逃离的男子展开搏斗。另一名窃贼见状正要上前帮忙，但见李广勇的同事从巡逻车上跳下来，于是转身逃跑。李广勇强忍剧痛死死抓住窃贼不放，最终与同事合力用绳子将其牢牢捆住，将其送至公安机关。

2010年12月14日20时许，李广勇突然发现前排邻居刘大爷家的屋顶冒出黑烟，而不像往日做饭冒出的白烟。李广勇立即意识到可能着火了，扔下手中活儿就往刘大爷家跑。刘大爷和老伴正在家中看电视，声音开得很大，李广勇叫了半天门才开。听闻自家房顶着火的老两口一时慌了神。李广勇一边拨打119报警，一边让上六年级的儿子李宗航赶快到村口等候消防队并引路。随后，李广勇拿起水桶，爬上已经发烫的房顶，试图扑灭房顶的火。但由于火已经在房屋尖顶的夹层里着了很长时间，加上外面有瓦土和油毡，房顶里的苇子已经引燃，想从外面扑灭大火几乎不可能。火势飞速蔓延，眼看控制不住了，李广勇让妻子将老两口安置到安全地点，紧接着招呼闻讯赶来的乡亲们，帮助刘大爷把屋子里的家电家具赶快往外搬……消防队赶到后，终于控制住了火情继而将火扑灭，但是房子因为火势太大而坍塌了。

令老人比较欣慰的是，李广勇和乡亲们及时将电视、冰箱以及存折、现金等家里的贵重物品搬到了安全地带，最大限度减少了刘大爷的财产损失。连消防战士都说："幸亏报警及时，否则老大爷周围这二十多户民宅可真就悬了！"

◐ 崔晓滨

男，1981年生人，天津市河西区人，联众出租汽车服务中心红桥分部司机。

◐ 张莹

女，1970年生人，天津市河东区人，新世纪的士有限公司司机。

◐ 姜国庆

男，1972年生人，天津市和平区人，联众出租汽车服务中心红桥分部司机。

◐ 刘超

男，1988年生人，天津市河东区人，银建的士有限公司司机。

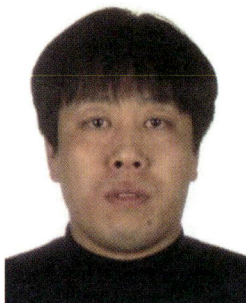

◑ 冯金川

　　男，1970 年生人，天津市河西区人，联众出租汽车服务中心红桥分部司机。

◑ 郝世海

　　男，1971 年生人，天津市河西区人，银建的士有限公司司机。

◑ 赵志勇

　　男，1966 年生人，天津市河西区人，银建的士有限公司司机。

◑ 朱栋梁

　　男，1989 年生人，河南省人，武警天津总队二支队四中队市政府警卫连战士。

◑ 刘宝

男，1981 年生人，河北省人，中共党员，武警天津市总队二支队四中队中队长。

◑ 陈乔

男，1991 年生人，黑龙江省人，武警天津总队二支队四中队市政府警卫连战士。

◑ 杨诚

男，1962 年生人，天津市南开区人，公安和平分局小白楼派出所协勤。

崔晓滨群体，2010 年荣获"天津市见义勇为先进群体"荣誉称号，同年被评为"津城百姓英雄群体"。

主要事迹

2009 年 5 月 8 日凌晨 1 时许，2 名男青年在泰安道尾随 1 日本籍中年男子至湖北路附近，将其打倒在地，并抢走挎包、钱包各 1 个，后向泰安道市政府花园方向逃窜，途经此处的出租车司机姜国庆、崔晓滨分别使用车载电台通报了抢劫的情况和歹徒的逃跑方向。出租汽车司机冯金川、赵志勇、郝世海等人也从不同方向赶到市政府花园，协助围追堵截歹徒。

正在市政府门前哨位执勤的武警战士朱栋梁听到呼喊，立即向连队报告，手持警棍进入花园搜寻。市政府警卫中队中队长刘宝、战士陈乔、小白楼派出所协勤人员杨诚和出租司机姜国庆、刘超、崔晓滨等人随后一同进入花园搜寻歹徒。朱栋梁将藏匿在一假山旁黑暗处的一名歹徒抓住，众人合力将其控制，并搜出被抢物品。另一名趁乱逃出搜索圈的歹徒在附近搭乘出租车时也被司机刘某认出并交由公安机关处理。

● 李继仁

男，1983年生人，甘肃省人。

2010年荣获被评为"天津市见义勇为模范"荣誉称号，同年被评为"津城百姓英雄"。

主要事迹

2009年8月6日17时40分许，姜某某与妻子马某某因琐事发生争吵后，姜某某因情绪激动拉住其妻子一同跳入卫津河中，落水后二人在河中拼命挣扎，马某某大声呼救。准备去菜市场买东西的李继仁和妻子刘喜玲正行至此处，听到呼救后，李继仁奋不顾身跳入卫津河内，全然忘了自己不会游泳。他在水中一把拉住离岸边不远的落水女子，然后使劲儿把她往岸边推并救上岸。随后，李继仁不顾自身疲劳又返回河中，去救另一个挣扎在河中央的落水男子。但是由于李继仁不会游泳，而且体力耗尽，在营救的过程中不幸与那名男子一同消失在河中心。待民警接警赶到现场将李继仁和落水男子打捞上岸时，二人已经没有了呼吸。

◐ 李陆林

男，1991 年生人，天津市滨海新区人，天津塘沽保安公司保安员。

◐ 闫力强

男，1980 年生人，天津市滨海新区人，天津塘沽保安公司保安员。

◐ 胡琪

男，1980 年生人，天津市滨海新区人，天津塘沽保安公司保安员。

李陆林群体，2010 年荣获"天津市见义勇为先进群体"荣誉称号。

主要事迹

2009 年 12 月 7 日 6 时许，李陆林、闫力强、胡琪三人在协助公安机关执行反扒任务时，发现三名男子行迹可疑。三名男子发现警察，立即分头逃窜。李陆林、闫力强、胡琪立即协助民警追捕，当追到建港村附近时，其中一名歹徒手持弹簧刀暴力反抗将追捕民警捅伤，李陆林等人见状不顾个人安危冲上前去，与持刀男子展开搏斗，并协助民警将该名歹徒制服。

◑ 李西龙

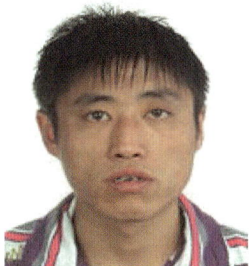

男，1986 年生人，山东省人，生前系苏宁电器公司搬运工。

2012 年荣获"天津市见义勇为先进个人"荣誉称号。

主要事迹

2009 年 12 月 29 日 14 时许，李西龙途经北辰区天穆镇南仓村北运河时，看见运河市场旁的小桥上站着很多人。他听说是有人掉到河里了，往河里看时，发现有两个小孩在河水里漂着，李西龙立刻准备从小桥上跳下去，周围群众连忙用绳子系在他腰上，将他从桥上放下去。他下到河里，将两个孩子都抱住，并在群众的帮助下，将落水儿童救上岸。

◐ 刘洋

男，1989年生人，天津市南开区人，欧乐时尚广场保安员。

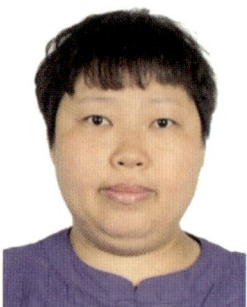

◐ 徐玮

女，1982年生人，天津市北辰区人，欧乐时尚广场周大生珠宝专卖店售货员。

◐ 王艳

女，1979年生人，天津市北辰区人，欧乐时尚广场周大生珠宝专卖店售货员。

◐ 顾雅珺

女，1986年生人，天津市河北区人，欧乐时尚广场周大生珠宝专卖店售货员。

◑ 崔家环

女，1979 年生人，天津市河东区人，欧乐时尚广场周大生珠宝专卖店售货员。

◑ 宋惠艳

女，1972 年生人，天津市河东区人，欧乐时尚广场周大生珠宝专卖店售货员。

◑ 周文玲

女，1990 年生人，福建省人，欧乐时尚广场周大生珠宝专卖店售货员。

刘洋群体，2009 年荣获"天津市见义勇为先进群体"荣誉称号。

主要事迹

2009 年 3 月 25 日 13 时许，一名歹徒持仿真枪对欧乐时尚广场周大生珠宝店实施抢劫，正要逃跑时，被巡逻至此处的商场保安员刘洋发现。刘洋立即冲上前去，将歹徒扑倒在地，周大生珠宝店售货员顾雅珺也跑出柜台同刘洋合力将歹徒制服，并在徐玮、崔家环、宋惠艳、周文玲、王艳等人的配合下报警，最终将抢劫歹徒交给及时赶来的公安民警处理。

◐ 吕宝强

男，1974年生人，天津市蓟州区人，天津蓟县万事兴建材工贸有限公司职工。

2012年荣获"天津市见义勇先进个人"荣誉称号。

主要事迹

2009年8月10日1时许，吕宝强正在单位值班时，突然四名男子闯入值班室，持刀抢劫公司的电脑、现金等财物，吕宝强不顾个人安危，与歹徒展开搏斗。在博斗中，吕宝强被歹徒用刀刺成重伤，但他奋不顾身地追赶，迫使歹徒驾车逃跑，有效地保护了公司财物，同时为警方破案提供了重要线索。不久，四名歹徒均被抓获。

◉ 邱国建

男，1963年生人，天津市河东区人。

◉ 许方武

男，1962年生人，天津市河北区人。

邱国建、许方武，2009年荣获"天津市见义勇为先进个人"荣誉称号。

主要事迹

2009年1月21日11时许，受害人在金纬路兴业银行门口，被歹徒将其放在车筐内装有两万余元现金的书包抢走。受害人连忙大声呼救求助并追赶歹徒，途经此处的邱国建和许方武两人，听见呼救声后，立即赶上前去一起追赶抢钱歹徒。在追赶过程中，歹徒手持方砖对邱国建和许方武进行威胁，两人不顾个人安危上前与歹徒搏斗，最终将其制服，并扭送到公安机关。在搏斗中，邱国建右手被划伤，左手拇指软组织挫伤。

◑ 史会强

男，1969 年生人，天津市津南区人。

◑ 孙炳泉

男，1979 年生人，天津市津南区人。

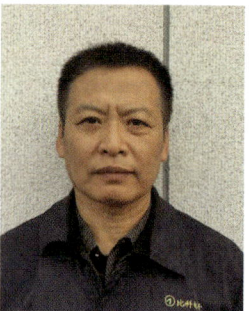

◑ 王凤军

男，1968 年生人，天津市津南区人。

史会强群体，2012 年荣获"天津市见义勇为先进群体"荣誉称号。

主要事迹

2009 年 3 月 17 日 20 时许，史会强、孙炳泉、王凤军在华润超市附近跑出租候客时，突然看见从旁边的胡同内跑出来一名男子，神情十分慌张。紧接着跑出来的民警高喊："抓住他，抓住他。"史会强三人见状，飞快地向那名男子追去，并将该男子摁倒在地，将其交给随后赶来的公安民警。

◐ 苏志忠

男，1942 年生人，天津市红桥区人。

2009 年荣获"天津市见义勇为先进个人"荣誉称号。

主要事迹

2009 年 3 月 4 日 10 时许，一名男子来到苏志忠经营的汽修厂内，称其有一辆五菱牌汽车要出售。苏志忠让其将车开来。在检查时，苏志忠发现该车点火开关有撬痕，且无行车证，车上的牌照也不是该车的。他遂以筹款为名要求该男子下午来拿钱。卖车人走后，苏志忠将此情况报告了公安机关，当卖车人来取卖车款时，被公安民警当场抓获。

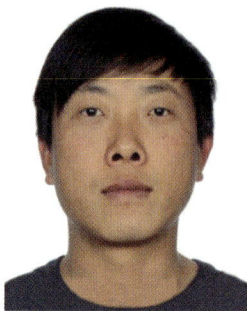

◉ 田春有

男，1982 年生人，天津市津南区人，天津市公安局津南分局巡（特）警支队辅警。

2010 年荣获"天津市见义勇为先进个人"荣誉称号，同年被评为"津城百姓英雄"。

主要事迹

2009 年 10 月 20 日 16 时许，田春有骑车巡逻至津沽路段咸水沽三中门前时，听到有人呼叫："抢劫啊！"一辆迎面驶来的黑色摩托车突然在十字路口撞上一辆威志车，摩托车上两人的提包落地，散落一地百元大钞。原来，一女子把银行取出的 5 万余元的现金放在包里，刚出银行就被骑摩托车的两名歹徒盯上，实施抢劫。该女子死死拉住包不放，被拖了 10 余米后摔倒，眼见歹徒加速逃跑，便急忙呼救。

田春有见歹徒匆忙抓起一部分钞票塞进包里之后分头逃窜，一面追赶，一面呼喊附近市民把地上剩余的钱看好。田春有疾追 300 米后，在津沽新街工行门前截下歹徒。歹徒见脱身无望，随即抽刀刺向田春有的腹部。田春有猝不及防，眼见歹徒的刀向自己腹部刺来，却不及闪避。

"我当时头一惬，心想'这下完了'，没想到刀扎在皮带金属扣上，便向前一跃更近了一步。"歹徒见一刀居然没有刺伤田春有，顿时心虚，不断地说："你别过来，过来我就扎你了。"田春有用余光瞥见旁边一修车点放着一个铁马扎，伸手就抄了起来。见人越围越多，田春有手中又有了家伙，歹徒心更虚了。此时，周围群众不断呵斥，让歹徒分心。田春有发现歹徒背后来了警察，看准时机，探身伸右手使了一招翻腕，左手扔下马扎将刀夺下，民警从后面包抄将歹徒擒获。

◐ 田伟

男，1972 年生人，天津市红桥区人，天津巴士实业有限公司 632 车队司机。

2010 年荣获"天津市见义勇为先进个人"荣誉称号。

主要事迹

2009 年 5 月 7 日 11 时许，由天津西站开往唐山的长途汽车行至津汉公路空港二号桥时，有两名东北口音男子突然提出下车，司机田伟觉得两人形迹比较可疑，初步判断可能是小偷，于是在两人下车后，便询问乘客："有没有丢东西的？"一名乘客发现笔记本电脑不见了，田伟立即停车与邓某一同下车追赶两名盗贼，将其乘坐的出租车拦停，其中一名男子拿出臂力器准备反抗。田伟一手抓住他的胳膊，一手掐住他的脖子将其制服，随后另一名男子也被制服，一并交予公安机关处理。

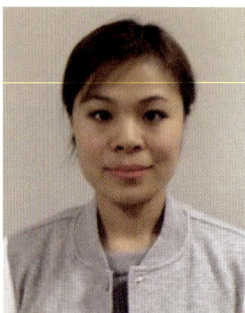

◉ 王玉杰

女，1987年生人，天津市蓟州区人，中共党员，时为天津外国语学院学生。

2010年荣获"天津市见义勇为先进个人"荣誉称号，同年被评为"津城百姓英雄"。

主要事迹

2009年2月6日15时许，五名儿童在蓟县东施古乡嘴吧庄村一池塘冰面上玩耍。突然，其中一名男童王某不慎落入冰窟，其他几名孩子吓得惊慌失措。闻声赶来的王玉杰立即将其他孩子护送到安全地带，在尝试用岸边的树枝营救未果后，旋即跳入冰冷的池水中，竭力靠近王某将其拖至池边并用尽全力将其拽出水面。

◑ 王振

男，1974 年生人，天津市静海区人。

◑ 刘军

男，1982 年生人，天津市静海区人。

◑ 崔伟

男，1986 年生人，天津市静海区人。

◑ 信辉

男，1979 年生人，天津市静海区人。

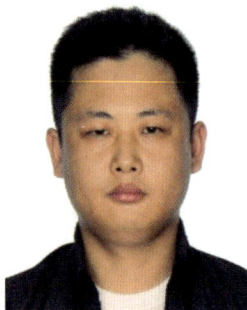

◑ 边洪涛

男，1982年生人，天津市静海区人。

王振群体，2009年荣获"天津市见义勇为先进群体"荣誉称号。

主要事迹

2009年1月27日10时许，徐某在静海区华润万家超市内见其前妻曹某与一名男子在一起，遂产生恨意，上前用水果刀将男子捅倒在地，并连续用刀向男子的头部、颈部、胸部等部位猛刺。在此危急时刻，华润万家超市的工作人员王振、刘军、崔伟、边洪涛、信辉五人立即赶到现场。王振在对徐某劝说无效的情况下，不顾个人安危，死死抱住他，在刘军、崔伟、边洪涛、信辉的协助下将其制服，交给了及时赶来的公安民警。

◑ 周君

女，1990 年生人，天津市北辰区人，个体经营者。

2011 年被评为"津城百姓英雄群体"。

主要事迹

2009 年 12 月 24 日 13 时许，歹徒张某某伙同马某某、魏某某，在河北省唐山市西客站附近搭乘赵某某驾驶的一辆三轮摩托车行驶至唐山市路南区时，持刀将赵某某捆绑实施抢劫，并挟持赵某某向天津方向逃逸。当日 17 时许，车行至西青区中北镇外环线与中北大道交口处，赵某某趁等红灯之机跳车，并向路口等候红灯的一辆别克轿车求救。车内群众周君等人问明情况后，立即拉上赵某某去追赶被抢的三轮摩托车。经过不懈努力，逼迫歹徒驾驶的三轮车撞上了电线杆翻车，终将歹徒抓获。

经审查，张某某对绑架抢劫的犯罪事实供认不讳，并交代了曾伙同马某某、魏某某二人在辽宁省三次持刀抢劫出租车司机的犯罪事实。

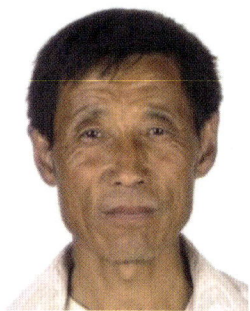

❶ 许子平

男，1954 年生人，天津市静海区人。

2009 年荣获"天津市见义勇为先进个人"荣誉称号。

主要事迹

2009 年 1 月 16 日 14 时，被害人在静海区中旺镇农业银行取完钱刚刚走出银行门口，突然窜出两名男子，从被害人身后将其刚取出的 5 万元现金全部抢走，被害人大声呼救。正经过此处的许子平闻讯后，立即追赶两名歹徒，在追出几百米后，许子平将其中一名歹徒扑倒在地，该名歹徒突然掏出刀刺向许子平，许子平毫不畏惧，用手死死地摁住了他握刀的手，在其他群众的帮助下将该名歹徒制服，并送到公安机关。经工作，另一名歹徒也被公安机关抓获。

◐ 阎民

男，1972年生人，天津市和平区人，天津市天解运业公司司机。

2010年荣获"全国见义勇为好司机"荣誉称号，同年荣获"天津市见义勇为先进个人"荣誉称号。

主要事迹

2009年3月14日12时许，阎民在大港区泰利酒店用餐时，听到邻桌一名男子谈话内容可疑，便寻机报警。在报警的同时，暗中跟踪该男子，该男子发现有人跟踪后拔腿就跑。阎民迅速冲上前去将其摁倒在地死死控制住。待民警赶到，阎民协助民警将嫌疑人郭某某带至派出所。经查，郭某某系网上逃犯。

2010年2月3日11时许，阎民在和平区西康路华润超市购物时听到两名男子交谈内容可疑，便报警并跟踪他们，当行至西康路附近时，民警驾车赶到。见到警车后两名男子仓皇逃跑。阎民冲上前去协助民警将嫌疑人抓获并扭送到公安机关。经审查证实周某、刘某系公安部网上逃犯。

◐ 杨华强

男，1952 年生人，天津市东丽区人，天津华明家园房信物业门卫。

2010 年荣获"天津市见义勇为先进个人"荣誉称号。

主要事迹

2009 年 8 月 6 日 7 时 50 分许，东丽区华明家园小达园业主赵某栓在启动大发式货车时，车内突然起火，车上装载的是两大桶和六小桶送往工地的柴油，足有半吨多。站在车周围的六七个人顿时不知所措，在这千钧一发之际，秩序维护员杨华强不顾个人安危拿起灭火器冲到车前，大声喊着："散开"，并打开灭火器进行喷射，最终将大火扑灭，避免了一场车毁人亡、油料爆炸的重大事故。

◑ 杨跃辉

男，1969 年生人，河北省人，天津市公安局汉沽分局刑侦支队辅警。

2010 年荣获"天津市见义勇为先进个人"荣誉称号。

主要事迹

2009 年 7 月 16 日 7 时许，汉沽区港悦酒店发生一起持枪抢劫杀人案件。经侦查，杜某、杨某某等人有重大作案嫌疑。案发当日杨某某被抓获归案。根据杨某某提供的线索，专案组决定对杜某实施抓捕。2009 年 7 月 17 日 18 时许，公安机关获悉，杜某在唐山市丰南区银海小区出现，并准备外逃。为抓获杜某，公安机关制定抓捕方案，在抓捕过程中，杨跃辉不顾个人安危，协助公安机关将杜某抓捕归案，为天津的平安建设贡献了自己的力量。

◉ 于合云

男，1947 年生人，天津市滨海新区人，天津建设银行大港支行退休职工。

2010 年荣获"天津市见义勇为先进个人"荣誉称号。

主要事迹

2009 年 10 月 25 日下午，于合云在天津市滨海新区大港湿地公园散步时，发现一名男子和一名小女孩在湖中挣扎。于合云立即跑向湖边，跳进冰冷的湖里试图将二人推上岸。岸边布满青苔，湿滑异常，在周围群众的帮助下，于合云拼尽全力才将两人救上岸，报警后悄然离去。由于报警和救助及时，落水的二人在医院紧急抢救后脱离危险。

■ 2010 年

● 管兆霆

男，1988 年生人，天津市滨海新区人，天津市滨海新区塘沽华北陶瓷市场保安员。

● 陈洪钢

男，1994 年生人，天津市滨海新区人，天津市滨海新区塘沽华北陶瓷市场保安员。

● 张文建

男，1990 年生人，天津市滨海新区人，天津市滨海新区塘沽华北陶瓷市场保安员。

● 帅少鹏

男，1989 年生人，天津市滨海新区人，天津市滨海新区塘沽华北陶瓷市场保安员。

● 张新华

男，1974 年生人，天津市滨海新区人，天津市滨海新区塘沽华北陶瓷市场保安员。

管兆霆群体,2012年荣获"天津市见义勇为先进群体"荣誉称号。

主要事迹

2010年11月25日16时许,塘沽华北陶瓷市场保安员管兆霆途经市场仓库时,听见一女子高喊:"抓小偷",同时见一男子向前跑去。女子大呼:"快抓住他。"管兆霆连忙跟随那名女子追赶窃贼,并用对讲机呼叫同事增援。在该市场4号路附近,及时赶来的保安员张新华、帅少鹏、张文建、陈洪钢将窃贼堵住。窃贼掏出刀对管兆霆等五人进行威胁,管兆霆上前一脚将歹徒手中的刀踢飞,其余四人一举将其抓获,并交给及时赶来的公安民警。

◐ 韩春景

女，1969 年生人，天津市西青区人，天津银建的士有限公司司机。

2011 年被评为"津城的士英雄"。

主要事迹

2010 年 12 月 8 日 15 时许，韩春景驾车途经大港区津港公路与学府路交口时，有一名男子上车后掏出工作证对韩春景说："我是警察，赶紧追赶前面一辆犯罪嫌疑人的车辆。"韩听后，二话没说，启动车辆加大油门，由津港公路往市区方向开，行驶 7 千米后，这名警察指着前面的汽车说："就是这辆车。"韩春景开车紧紧跟住嫌疑车辆，既要防止被甩掉，又不能让嫌疑人发现。她的车跟到第一个路口是绿灯，没有机会拦截嫌疑车辆，于是继续开车紧跟其后，等开到第二个路口时正遇红灯，嫌疑车辆前后都有车，韩春景迅速将车开到嫌疑车辆右侧，车内的警察与赶到的民警将嫌疑人抓获。

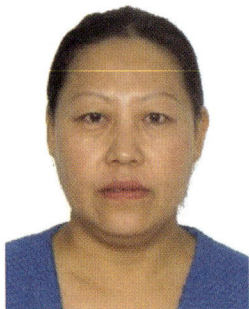

◐ 井延英

女，1970 年生人，天津市滨海新区人，南开大学滨海学院港美物业宿舍管理员。

2012 年荣获"天津市见义勇为模范"荣誉称号，同年荣获第十一届"全国见义勇为模范"荣誉称号。

主要事迹

2010 年 4 月 21 日 6 时 40 分许，一名男子窜至滨海新区大港南开大学滨海学院的女生宿舍楼，宿舍管理员井延英询问其找谁，该男子没有回答，头也不抬径直往楼里闯，井延英见其目光呆滞，立刻从值班室跑出来阻拦。当距其只有 30 厘米之时，该男子突然从裤兜里掏出 1 把手枪死死顶在井延英的头上，并直抵着井延英朝楼上走去。井延英在楼梯上遇到一女生，大喊："报警，快跑！"女生快步下楼。来到 4 楼水房，井延英一边环视周围情况，一边"宽慰"该男子。但男子并未理会随即进入 410 宿舍，并挟持了四名女学生，在房间内井延英不断对该男子进行劝说。8 时许，民警制造机会救出四名人质，一名人质被嫌疑人控制无法解救，民警被迫退出。被救出的井延英怕劫匪伤害仍被劫持的女学生，主动提出留下来陪同人质，直至 11 时许几名特警抓住机会破门进屋，将该男子当场控制住。井延英和被挟持女生均安然无恙。

●孔广周

男，1988 年生人，河南省人。

2011 年被评为"津城百姓英雄"，2012 年荣获"天津市见义勇为模范"荣誉称号，被评定为烈士。

主要事迹

2010 年 6 月 12 日 10 时许，暂住西青区张家窝镇的女子张某某到杨柳青镇游玩不慎落水。正在桥边钓鱼的孔广周听到呼救声，立即跳入河中对张某某进行营救。孔广周将张某某推向河边，在周围群众的帮助下，张某某成功获救。孔广周却因体力不支沉入河底，终因溺水时间过长，不幸壮烈牺牲。

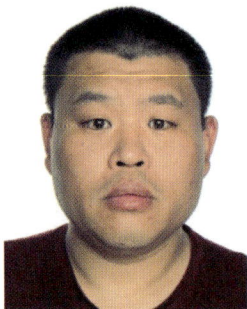

◉ 李兵

男，1978 年生人，天津市滨海新区人，天津市滨海新区大港保安公司保安员。

◉ 刘洋

男，1988 年生人，天津市滨海新区人，天津市滨海新区大港保安公司保安员。

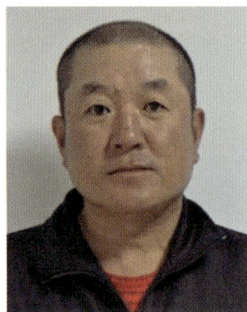

◉ 梁书友

男，1963 年生人，天津市滨海新区人，天津市滨海新区大港保安公司保安员。

李兵群体，2012 年荣获"天津市见义勇为先进群体"荣誉称号。

主要事迹

2010 年 2 月 12 日 16 时许，在滨海新区大港胜利超市购物的李兵、刘洋、梁书友发现一男子正在盗窃他人财物，李兵连忙提醒事主。该男子见事情败露即向超市外逃窜。三人见状立即追出，并将其围住。该男子掏出随身携带的匕首进行威胁，李兵不顾个人安危，趁该男子不备将其抱住，刘洋和梁书友上前将匕首夺下，三人合力将其制服，并扭送到公安机关。

◑ 李大泉

男，1957 年生人，天津市静海区人。

◑ 高学忠

男，1963 年生人，天津市静海区人。

◑ 房家红

男，1961 年生人，中共党员，天津市静海区人，中国农业银行静海支行职工。

◑ 郑云庆

男，1962 年生人，中共党员，天津市静海区人，天津市静海区百货公司售货员。

李大泉群体，2012 年荣获"天津市见义勇为先进群体"荣誉称号。

主要事迹

2010 年 4 月 16 日 20 时许，一女青年步行回家至小区院内，两名男子持刀抢劫其皮包后逃逸。路过此处的李大泉见此情况，立即上前追赶歹徒，在附近群众高学忠、房家红、郑云庆三人的帮助下，将其中的一名歹徒抓获，并扭送到公安机关。

● 刘小春

男，1967 年生人，天津市西青区人。

● 王俊伟

男，1974 年生人，河南省人。

● 杨美竹

男，1973 年生人，天津市西青区人，天津市凤鸣冷板厂职工。

● 刘勇

男，1973 年生人，吉林省人，天津市凤鸣冷板厂职工。

◐ 杨玉宝

男，1953 年生人，天津市西青区人。

刘小春群体，2012 年荣获"天津市见义勇为先进群体"荣誉称号。

主要事迹

2010 年 7 月 24 日 11 时许，庄某雷、张某楠、周某携带匕首、木棍驾驶蓝色海马牌轿车，在西青区李七庄街凌口村抢劫一名女子挎包后，沿津涞线向精武镇、静海方向疯狂逃窜。刘小春、王俊伟、杨美竹、刘勇、杨玉宝等人乘车围堵嫌疑车辆，及时向警方通报歹徒车辆位置，面对手持匕首的歹徒毫不畏惧，协助民警抓获抢劫犯罪嫌疑人。

◐ 李路

男，1991 年生人，山西省人，公安局西青分局开发区派出所巡逻队员。

2011 年被评为"津城百姓英雄"，2012 年荣获"天津市见义勇为先进个人"荣誉称号。

主要事迹

2010 年 5 月 10 日 21 时许，公安局西青分局开发区派出所民警带领巡逻队员李路等人在兴华五支路附近巡逻时，发现一名歹徒正手持砍刀对一名路人实施抢劫。李路连忙冲上前去准备抓捕歹徒焦某。焦某见有人过来，便扔下砍刀逃窜。李路追上前去抓住焦某衣领，并与其展开搏斗。在搏斗中，李路身上多处受伤，他强忍伤痛，配合及时赶来的巡逻队员将焦某制服，并扭送到公安机关。

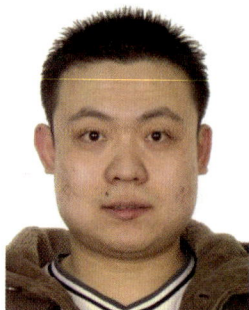

◉ 李宇

男，1980 年生人，中共党员，天津市河东区人，生前系天津地毯进出口公司职工。

2012 年荣获"天津市见义勇为模范"荣誉称号，被评定为烈士。

主要事迹

2010 年 12 月 13 日 23 时许，东丽区天山南路泰通公寓一 3 楼住户发生火灾，顿时浓烟蔓延至整个楼层。居住在 6 楼的居民李宇得悉火灾后，来不及穿上衣，只身来到楼道，边喊"救火"，边将 4 楼、5 楼楼道玻璃砸碎，以便将浓烟排到楼外。当李宇行至四楼时终因火势太大，导致呼吸道灼伤窒息死亡，献出了自己年轻的生命。

○ 马明祥

男，1984 年生人，中共党员，辽宁省人，天津市天解运业公司司机。

2010 年荣获"天津市见义勇为先进个人"荣誉称号。

主要事迹

2010 年 1 月 20 日 19 时许，马明祥在和平区气象台路东北农家菜馆用餐时，邻桌一男子与一同吃饭的男子谈论自己骗了几万元钱，民警正在找他。马明祥听到这些叙述，判断此人有诈骗嫌疑，遂报警。民警赶到该饭店时，其中一男子见状企图逃跑，马明祥不顾个人安危，冲上前去，将该男子扑倒在地，并配合公安民警将其制服。

◉ 宋文明

男，1975 年生人，中共党员，山西省人，天津武警指挥学院训练部讲师。

2010 年荣获"天津市见义勇为先进个人"荣誉称号。

主要事迹

2010 年 10 月 16 日 12 时许，宋文明与其妻子在天津市河东区一装饰城附近乘坐公共汽车沿津塘公路回塘沽。当公共汽车行至津塘公路与东丽开发区四经路交口处时，宋文明发现坐在其前方的两名外地男子正伸手欲扒窃前方一名打瞌睡的乘客。宋文明立刻厉声喝道："你干什么？"小偷威胁说："不关你的事！少管闲事！"宋文明再次警告道："什么少管闲事，马上住手！"小偷再次把手伸向那名乘客的口袋，宋文明大喝一声："住手！"并上前制止。恼羞成怒的小偷挥拳打向宋文明，宋文明只身与两名歹徒扭打起来。一名歹徒突然拔出了一把约 15 厘米长的折叠刀凶狠地向宋文明刺去，宋文明头部、面部、肘部多处受伤，右小腿被歹徒割开了一条约 10 厘米长、2 厘米深的刀口。宋文明毫无惧色，一面与歹徒搏斗，一面呼喊人们报警。两名歹徒被宋文明的勇气和正气震慑，下车狼狈逃窜。宋文明被送往武警医院治疗。

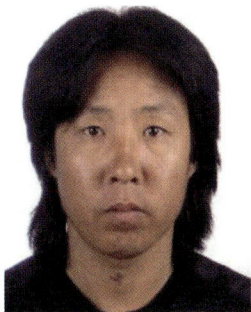

● 孙世鹏

男，1966 年生人，天津市西青区人，蓝星石化天津分公司职工。

2012 年荣获"天津市见义勇为先进个人"荣誉称号。

主要事迹

2010 年 1 月 17 日 12 时许，孙世鹏在单位附近鱼塘冬钓，有两个七八岁的男孩在不远处的冰上玩耍。就在他全神贯注盯着下好的鱼漂时，突然传来一个孩子的呼救声，孙世鹏立即起身循声望去，见身后 50 米处的冰面塌陷了一片，一个孩子正在水中挣扎。情势危急，孙世鹏扔下手中的鱼竿，向孩子所在的方向奔过去。就在他快要接近孩子时，脚下的冰面剧烈地颤动起来。孙世鹏心里很清楚，这片冰面也面临塌陷的危险，可为了救孩子，他已顾不得那么多了。为了扩大受力面，缓解压力，他扑倒在冰面上，快速向前爬行。终于抓住了孩子的手！此时，那个孩子已经有大半截身体陷入了冰水中，而且还在慢慢下沉，孙世鹏继续向前挪动着，随后一把抓住了孩子的双臂，使出浑身力气将其拉出水面。

得救的男孩惊魂未定，站在冰面上瑟瑟发抖。"你的伙伴呢？"孙世鹏来不及松口气便焦急地问道，"他还在水里。"男孩带着哭腔说道。听后孙世鹏急忙向水中望去，发现另一个孩子的身体已经没在水里，并在继续下沉。孙世鹏不顾自己安危，将近半截身体扎进了冰水中，伸出双臂使劲儿去够孩子上扬的手。一次、两次、三次，终于，够到了！孙世鹏一手抓着孩子，一手死死地抠住冰窟口，用力向上拖。突然间，冰层发出断裂声。"不管了，无论如何也要救出孩子。"抱着这个信念，孙世鹏又一次用力，终于将孩子拉出了水面。而孩子脸色苍白，已经没有了呼吸。凭着自己的经验，孙世鹏把孩子放在自己的腿上，反复拍打孩子的背部，不一会儿，奇迹发生了，孩子咳嗽起来，吸进去的水也被吐了出来，孩子苏醒了。两名男童成功获救。

○ 王川

男，1987 年生人，山东省人，天津市滨海新区塘沽聚宝大厦武魂跆拳道馆教练。

○ 仇军

男，1969 年生人，河北省人。

王川、仇军，2012 年荣获"天津市见义勇为先进个人"荣誉称号。

主要事迹

2010 年 8 月 7 日 0 时许，被害人韩某下班回家，当她走到住处 3 楼时，一名男子突然从背后将其脖子掐住，将她手中的手机抢走，随后将韩某推倒，转身向楼下跑去。受到惊吓的韩某大喊："救命！"便赶紧起身向楼下追去。这时，正在 2 楼家中看电视的王川听到楼道内有人喊救命，立即打开房门查看情况，看见被害人韩某正往下跑追赶抢劫的男子，王川便赶紧追了下去，追至 1 楼时歹徒正要打开楼门，王川立即扑了上去，并与歹徒扭打在一起。住在 1 楼的仇军听到动静，也立即冲上前去，与王川一起将歹徒制服，并送到公安机关。

◐ 魏勇青

男，1952 年生人，中共党员，天津市和平区人，天津医科大学总医院保卫处处长。

◐ 郭刚

男，1963 年生人，天津市和平区人，天津医科大学总医院后勤职工。

魏勇青群体，2012 年荣获"天津市见义勇为先进群体"荣誉称号。

主要事迹

2010 年 7 月 8 日 18 时许，天津医科大学总医院保卫处处长魏勇青接到电话称，有一中年男子爬到医科大学总医院二期工程大楼楼顶，疑欲轻生。魏勇青立即赶赴现场开展劝解和处置工作。在近 3 个小时劝解无效后，魏勇青主动向领导要求，爬上屋顶，近距离与轻生男子交流。经过沟通，轻生男子态度有所缓和，在其要水喝的一刹那，魏勇青将手电筒递过去，在男子犹豫时，魏勇青顺势抓住其胳膊，高喊："快来人！"隐蔽在附近的保卫处职工郭刚等人冲上前去，将轻生男子拉了下来。此时，轻生男子已无力下行，魏勇青等人用绳子将其绑住，在公安、消防等抢救人员的努力下，成功将其解救下来。

◑ 闻永佳

男，1952 年生人，天津市武清区人。

2012 年荣获"天津市见义勇为先进个人"荣誉
称号。

主要事迹

2010 年 9 月 12 日 14 时许，闻永佳在村南水塘钓鱼时，忽听见有人喊："救命"，顺着呼救声望去发现对岸有一男孩在呼喊。闻永佳立即放下鱼竿，迅速朝男孩跑去。跑到近前发现水面上有两名男孩在挣扎，于是闻永佳不顾个人年事已高、水性不好，跳进水中救人，将两个孩子先后救上岸。此时，岸上的男孩说水里还有一个人。闻永佳第三次跳入水中，潜入水底摸索。经过反复几次浮出水面换气，终于将这名男孩搜寻到，并拖到岸上。该男孩由于溺水时间过长，未能保住性命。闻永佳则由于体力透支，几乎昏厥。

◐ 杨诚

男，1962年生人，天津市和平区人，公安和平分局小白楼派出所辅警。

2012年荣获"天津市见义勇为先进个人"荣誉称号。

主要事迹

2010年12月31日0时30分许，接市局指挥中心指令，河东区十一经路发生一起抢劫出租汽车案件，嫌疑人驾车驶往和平区方向。劝业场派出所巡控车辆立即在辖区内围堵。在南京路与赤峰道交口，发现市局要求布控的嫌疑车辆。当巡逻车驶近时，嫌疑人持刀将警车副驾驶玻璃及前风挡玻璃击碎。在追捕中，杨诚等人配合民警将嫌疑人制服，缴获二尺余长钢制砍刀和被抢的出租汽车。

2011年2月22日10时许，一名窃贼在847路公交车上行窃，失主发现装有800余元的钱包被盗后，呼喊追赶。杨诚闻讯立即协助追赶，窃贼逃至和平区泰安道54号楼内藏匿。杨诚等人经搜寻将窃贼于某某抓获。

2011年3月2日23时许，两名男子在营口道与建设路交口附近时，被几名歹徒持砍刀威胁，抢劫人民币200元。被害人报警后民警带领辅警杨诚等人赶赴现场。追捕中一名歹徒逃至市自来水公司院内。杨诚和市自来水公司保安员奋不顾身与歹徒搏斗，并将其抓获。其余四名歹徒也被民警抓获。

◑ 张庆利

男，1977 年生人，天津市西青区人，天津滨海新区塘沽咨询造价有限公司职员。

2012 年荣获"天津市见义勇为先进个人"荣誉称号。

主要事迹

2010 年 9 月 9 日 9 时许，天津市北辰区铁锅店村致成道胡同口，两名骑摩托车男子趁被害人许某萍不备将其脖子上所佩戴的价值一万余元的黄金项链抢走，驾驶摩托车逃跑。村民张庆利闻讯后开车载上许某萍，向歹徒逃窜方向追去。追上之后与之展开搏斗，并将其中一名歹徒抓获，送到公安机关。

◉ 张守杰

男，1964年生人，天津市红桥区人，个体出租汽车司机。

2012年被评为"津城的士英雄"，同年荣获"天津市见义勇为先进个人"荣誉称号。

主要事迹

2010年8月26日20时许，在天津市红桥区团结桥附近南运河北路，公安红桥分局三条石派出所的两名民警正在巡逻，见一前一后两名男子目光盯着坐在躺椅上的一对情侣，民警故意将警车缓慢行驶，两男子看见警车后立即改变方向快速行走，民警见状掉转方向跟上，两男子拔腿就跑。此时，张守杰从御河湾小区走出准备遛弯儿，看见警察在后紧追，张守杰不加思索地跑上去抓住了其中一名抢劫犯罪嫌疑人，警民合力最终将两人全部抓获。

经审查，两名嫌疑人交代，他们是一个七男一女的犯罪团伙成员，一个多月来，抢劫作案十余起。

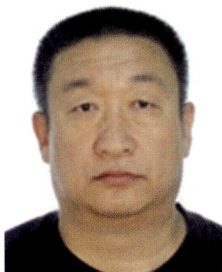

◉ 赵长河

男，1972 年生人，河北省人。

2010 年荣获"天津市见义勇为先进个人"荣誉称号。

主要事迹

2010 年 1 月 16 日 11 时许，四名男子窜至天津市宝坻区一铝合金经营部内，盗窃现金 2300 元后，驾驶一辆黑色轿车逃跑。公安机关接报警后，立即布控。11 时 30 分许，在通唐公路执行设卡盘查任务的公安民警发现嫌疑车辆，嫌疑车辆接连闯卡逃跑。在追捕过程中，追捕警车因故障不能行驶。这时，赵长河驾驶车辆路过此地，当得知情况后，驾车载着民警，奋力追捕嫌疑车，数次与嫌疑车发生碰撞后，最终在宝平公路牛道口路段成功拦截嫌疑车。歹徒弃车逃跑，赵长河下车协助民警当场抓获一名歹徒。其余三名犯罪嫌疑人随后被相继抓获。

四名犯罪嫌疑人对盗窃犯罪事实供认不讳，民警成功破获本市及周边地区类似案件数起。

◑ 陈永刚

男，1979 年生人，中共党员，河北省人，时为南开大学信息学院硕士研究生。

2012 年荣获"天津市见义勇为先进个人"荣誉称号。

主要事迹

2010 年 3 月 4 日 15 时许，南开大学退休女教师郭某某带着外孙女在南开大学新开湖附近玩耍时，郭某某不慎落入水中，外孙女大呼："姥姥！"此时，陈永刚骑车路过此处，闻讯后放下自行车跑到湖边，迅速脱下外衣跳入湖中，将郭某某推到岸边，后在周围群众帮助下将郭某某救助上岸。

◑ 董宝生

男，1954 年生人，天津市东丽区人，天津北斗画院院长。

2010 年被评为"津城百姓英雄"，2012 年荣获"天津市见义勇为先进个人"荣誉称号，2013 年荣获"津城见义勇为十大勇士"。

主要事迹

2010 年 8 月 6 日 13 时 42 分许，天津市河东区万新村八区发生一起拦路抢劫案，歹徒赵某作案后逃窜至董宝生居住的新丰里小区楼顶躲藏。董宝生、董振宇父子发现后不顾个人安危冲上楼顶，面对歹徒的威胁，董氏父子无所畏惧，合力将赵某制服，并将其交给及时赶来的公安民警。

2012 年 12 月 20 日 15 时许，董宝生在河东区卫国道物美超市购物时，遇到同时购物的王某钱包被盗，经向周围目击者询问窃贼的基本特征后，在超市外将其截获，并追回王某的钱包。

❶ 关金城

男，1957 年生人，天津市河东区人，天津市天通出租汽车公司出租车司机。

2011 年被评为首届"津城的士英雄"，同年荣获"全国十大见义勇为英雄司机"荣誉称号；2012 年被评为"津城的士英雄"，同年荣获"天津市见义勇为模范"荣誉称号。

主要事迹

2010 年 6 月 28 日 23 时许，关金城驾驶出租车拉乘一男一女两名青年，行至天津市和平区陞安大街建物街小学旁一小区，男子下车几分钟后返回，对女子说："还不错，够意思，多给一包。"然后该男子让关金城开到河北区中山路宙纬路口一药店，返回后手拿两个针管，后又让出租车开至铜锣湾下车。关金城意识到这二人可能是吸毒人员，陞安大街有可能就是毒贩的窝点。于是，次日上午关金城主动联系和平区见义勇为协会并到和平分局刑侦支队反映了此线索。

经工作，公安机关根据关金城提供线索，破获了一个重大吸贩毒集团，先后抓获犯罪嫌疑人 9 人。

2010 年 9 月 17 日 20 时 30 分许，关金城在河西区曲江路与东江道口，拉乘一男一女两名乘客，行驶途中一人在电话中谈及购买毒品问题。到达目的地后，关金城隐蔽观察，当他们进行毒品交易时报警并协助民警抓获两名嫌疑人，送至派出所依法处理。

自 2003 年开始，关金城在运营途中抓获各类违法犯罪分子近 30 人，先后 11 次被确认见义勇为，受到天津市南开、河西、红桥、河东、北辰、和平等区见义勇为协会的表彰和奖励。

2011 年

● 戴水兵

男，1973 年生人，湖南省人。

● 陈安兵

男，1973 年生人，湖南省人。

● 刘友义

男，1982 年生人，湖南省人。

戴水兵群体，2012 年荣获"天津市见义勇为先进群体"荣誉称号。

主要事迹

2011 年 1 月 4 日 16 时许，戴水兵、陈安兵到公安机关提供线索称有一男子分别到他们经营的首饰加工店兜售金块，行迹可疑。公安机关分析，极有可能是最近发生的抢劫金店案件的涉案嫌疑人。次日，戴水兵再次来到公安机关称其老乡刘友义于当日 9 时许，接一男子电话称有金子要卖或加工。刘友义到店后，一名 30 多岁的男子欲出售金块，因价格问题未成交。戴水兵等人主动向公安机关描述了兜售金块男子体貌特征，为公安机关破获抢劫金店案并抓获涉案人员起到决定性作用。

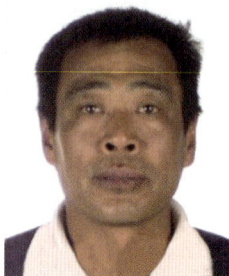

⓿ 高春贤

男，1959 年生人，天津市津南区人，天津市燃发钢管厂职工。

2013 年被评为"津城见义勇为十大勇士"。

主要事迹

2011 年 2 月 1 日 7 时许，歹徒郑某某以买衣服为由诱骗个体超市老板开门，进入超市后准备实施抢劫，在抢劫未果的情况下，掏出尖刀将事主周某某头部捅伤，而后夺门而逃。周某某大声向周围群众呼救，路过此处的高春贤见此情况，不顾自身安危，把正向自己跑来的歹徒扑倒在地，将其制服，扭送到公安机关。

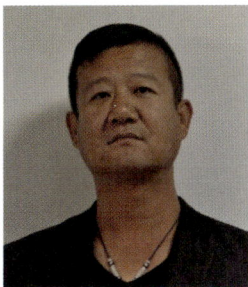

● 高用武

男，1975 年生人，天津市滨海新区人，滨海新区公安局红旗路派出所辅警。

2012 年荣获"天津市见义勇为先进个人"荣誉称号。

主要事迹

2011 年 4 月 17 日 3 时许，公安大港分局红旗路派出所辅警高用武和同事周群在巡逻过程中，发现一名准备入室盗窃的窃贼正在爬护栏，在口头制止无效的情况下，高用武爬上护栏进行抓捕。在搏斗中，高用武被窃贼手持木棍击中头部，从 2 楼护栏上摔落在地。同时，窃贼跳下护栏准备逃跑，高用武强忍伤痛挣扎着爬起来和周群一起抓住了歹徒，并配合及时赶来的公安民警将其送到公安机关。高用武在搏斗中受伤，经医院诊断为腰椎压缩骨折，左脚踝骨骨折。

经审查，该犯罪嫌疑人对在大港油田各小区内入室盗窃作案 60 余起的犯罪事实供认不讳，被依法逮捕。

◑ 郭宏新

男，1986 年生人，河北省人。

◑ 邵强

男，1984 年生人，安徽省人。

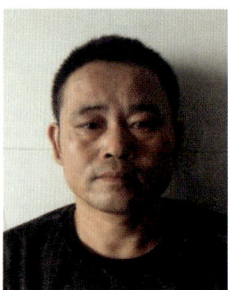

◑ 周庆涛

男，1969 年生人，安徽省人。

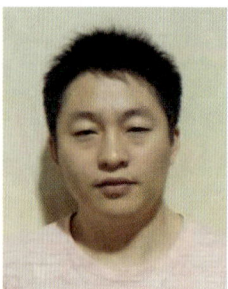

◑ 王保国

男，1982 年生人，河南省人。

郭宏新群体,2012年荣获"天津市见义勇为先进群体"荣誉称号。

主要事迹

2011 年 1 月 17 日 10 时许，一女青年在天津市武清区梅厂镇市场内买菜时，被两名男子偷走手机，女青年一边追赶，一边向人求助。郭宏新、邵强、周庆涛、王保国四人恰巧路过，获知情况后，快步追上那两名男子并让其交出手机。这时，两名窃贼分别拿出尖刀威胁诸人，并往市场外跑去。郭宏新等四人在后紧追，追至市场南侧人员较少的地方，两名窃贼回头看到只有四人追来，遂挥舞着尖刀向他们扑了过来。郭宏新等人顾不上多想，赤手空拳与两名窃贼进行搏斗。搏斗中，郭宏新右胸和右大腿根部被歹徒用尖刀刺了两刀，邵强的腰部、脸部也被歹徒用尖刀划伤多处，但他们毫不畏惧、没有退缩，勇敢地打落歹徒手中的尖刀，并最终将两人制服，将其扭送到公安机关。

❶ 韩润胜

男，1972 年生人，天津市静海区人，天津市静海县浩和物流有限公司职工。

2012 年荣获"天津市见义勇为先进个人"荣誉称号。

主要事迹

2011 年 7 月 22 日 17 时许，静海县良王庄乡胡家园村村民尚某某佩戴的黄金项链在独流镇新桥被一名男子抢走，尚某某一边追赶，一边报警呼救。正路过此处的韩润胜和王某辉见状，立即追赶该男子，并同及时赶来的公安民警将其围堵进独流镇北刘村的玉米地里，该男子被追出玉米地后，见无处可逃，被迫跳入 104 国道旁的争光渠中。率先追出玉米地的韩润胜和王某辉，不顾河水又脏又深，毫不犹豫地跳入渠中与该男子进行搏斗，并配合公安民警将其抓获送到公安机关。

● 李欣

男，1989 年生人，天津市西青区人，天津市西青区治安巡防大队队员。

2012 年荣获"天津市见义勇为先进个人"荣誉称号，同年被评为"津城百姓英雄"。

主要事迹

2011 年 3 月 12 日 20 时许，西青区治安巡防大队队员李欣驾车回家途中发现外环线一加油站旁停靠着五辆汽车，情况十分可疑，联想到近期发生的盗窃工地和大货车柴油案件，随即驾车尾随这几辆车并记下车牌照号与车型。不料在跟踪至外环线 15 号桥附近时，被犯罪嫌疑人发现，五辆汽车将李欣所驾驶的汽车堵住，从车上下来十余人，对李欣进行殴打，又将李欣所驾驶的车辆撞坏后逃逸。李欣在受伤的情况下，没有到医院治疗而是忍着疼痛将嫌疑车辆情况立即报告给队领导，从而为继续开展侦察破案、深挖犯罪提供了重要线索。

4 月 15 日，公安机关在李欣的配合下，将以宋某某为首的特大盗抢工地犯罪团伙和以翁某某为首的特大盗抢柴油犯罪团伙一举端掉，抓获涉案人员 13 人，破获案件 200 余起。

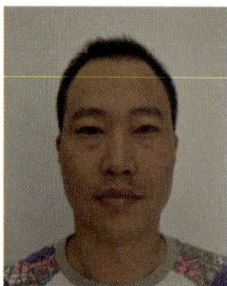

◐ 李月强

男，1983 年生人，天津市西青区人，天津市西青区治安巡防大队队员。

◐ 栾祥义

男，1987 年生人，天津市西青区人，天津市西青区治安巡防大队队员。

◐ 王富贵

男，1983 年生人，天津市西青区人，天津市西青区治安巡防大队队员。

李月强群体，2012 年荣获"天津市见义勇为先进群体"荣誉称号。

主要事迹

2011 年 1 月份开始，在西营门街连续发生入室盗窃案件。李月强在工作中主动收集线索，发现该村有两名外地租房客行迹可疑。李月强和同事王富贵、栾祥义对两名可疑人员进行走访调查和蹲堵，历时半个多月，终于查清了两名租客的活动规律和落脚点。2011 年 3 月 4 日下午，三名巡防员随民警事先在二人落脚的出租屋周边布控，待一名盗贼返回屋内，民警带领三名巡防队员破门而入。窃贼见状欲拿起身边的砍刀进行反抗，三名巡防员果断出击，合力将其摁倒在地。

◑ 刘世强

男，1972 年生人，天津市津南区人。

2012 年荣获"天津市见义勇为先进个人"荣誉称号。

主要事迹

2011 年 1 月 28 日 15 时许，刘世强驾车经过天津市津南区辛庄镇白塘口村时，听到有人喊："快来救人啊，有小孩掉水里了！"刘世强忙将车停下，跑到岸边，看到两个男孩在路边的臭水河中挣扎。见此情景，刘世强顾不得脱下厚重的棉衣棉裤，一个纵身跳入水中，吃力地游到了离岸边最近的男孩身边，伸手抓住孩子的衣领将其往岸边拖，岸边群众纷纷伸出援手，将男孩拉上了岸。此时，河中间的那个男孩只剩双手还在水面上挣扎。时间就是生命，刘世强顾不上喘息，转身又拼力向河中间游去，寒冷刺骨的污秽河水浸透了刘世强的棉衣，每前进一点，他都要使出全身的力气，在场的人们不禁为他捏了一把汗。只见他游到河中间，伸手抓住沉入水中男孩的衣服，奋力往岸边游，等到他抓着孩子一起游到岸边，已经累得虚脱了。岸上的群众奋力将他们拽上岸。

两名被救孩子的父母闻讯赶来，看到被从死亡边缘救回的孩子，忍不住掉下了眼泪。两家人一起寻找救命恩人，经过多方打听，才找到刘世强。两家人到刘世强家中面谢时，刘世强的母亲获知情况后只轻描淡写地说了一句话："没什么，遇上了。"

朴实、憨厚的刘世强也只说了一句："碰到这样的事情，肯定要出手相救的，孩子平安就好，不需要啥感谢！"

◉ 王建航

男，1991 年生人，黑龙江省人，中共党员，时为天津职业技术师范大学学生。

2011 年被评为"津城百姓英雄"。

主要事迹

2011 年 5 月 3 日 5 时 40 分许，天津职业技术师范大学学生干部王建航在校内巡逻时，发现一男子与通报中一盗窃学生寝室案件的嫌疑人特征非常相似，于是将其拦住盘问，并将其抓获。

○ 王世俊

男，1955 年生人，天津市河东区人，天津市电力监理公司职工。

2012 年荣获"天津市见义勇为先进个人"荣誉称号，同年被评为"津城百姓英雄"；2013 年被评为"津城见义勇为十大勇士"。

主要事迹

2011 年 3 月 20 日 16 时许，王世俊骑电动自行车途经和平区耀华中学门前时，看到一名学生打扮的女孩正在追赶一名男子，一边跑一边喊："抢包了！"眼看男子跑到自己身边，王世俊把电动车一横，将男子绊倒，自己也摔倒在地。这时，另外两名路人上来帮忙，三人一起将这名男子摁倒在地，王世俊从男子手里夺过女孩的包和手机，交还给女孩。就在大家准备报警时，突然，该男子的两名同伙手持尖刀冲了过来。女孩一看害怕了，直说东西不要了，两位好心路人一见有刀，也都下意识松开了手，只有王世俊仍然紧紧抓住该男子。一名歹徒冲向王世俊连捅两刀，被王世俊抓住的男子挣脱后迅速逃跑。王世俊被及时赶到的民警送往医院抢救。

◐ 王树森

男，1939 年生人，天津市南开区人，生前系天津市外贸轻工公司职工。

2012 年荣获"天津市见义勇为先进个人"荣誉称号。

主要事迹

2011 年 7 月 15 日 18 时许，中年妇女郭某某带领自己 9 岁的儿子和 16 岁的女儿在天津市南开区红旗路与青年路交口的津河边玩耍，两个孩子不慎滑入津河中，郭某某大声呼救。王树森骑自行车正途经此处，听到呼救声后，发现两个孩子正在水中挣扎，王树森不顾自己年事已高，立即扔下自行车，来不及脱掉衣服，迅速跳入河中将两个孩子推向岸边，因河坡陡峭落水孩子难以上岸，王树森在水中反复多次推拉孩子，后在其他群众的帮助下终于将两个孩子成功救上岸。

● 席肖亭

男，1957 年生人，山东省人。

2012 年被评为"津城百姓英雄"。

主要事迹

2011 年 7 月 27 日 9 时许，来津打工人员张某丹，因琐事与其丈夫争吵后，一时想不开跳入月牙河中自杀。200 多米外的席肖亭听到"快救人呀！有人跳河了！"的呼救声便一瘸一拐地赶了过去，一名已经下水的青年回到岸上，称水太深无法接近落水者。席肖亭连衣服也没顾上脱，毫不犹豫地跳进河里，游到只有头顶露出水面的落水女子身边，并将她的头托出水面，拽着向岸边游去。两名年轻人见状也立即跳进水中，帮忙把女子推上岸。此时，席肖亭只能喘着粗气用双肘架在亲水平台上，但腿怎么也使不上劲儿，双肘都磨出了血也没能爬上岸。有人递给他一根竹竿，筋疲力尽的席肖亭才被拽上岸。席肖亭上岸后，大家才发现救人者的两条腿一粗一细，有村民认出，他就是在益华里小区外以修鞋手艺营生、腿有残疾的席肖亭。就在众人忙着抢救落水女子时，席肖亭悄然离开。

◉ 夏雅欣

男，1975 年生人，天津市河北区人，天津银建的士有限公司司机。

2012 年被评为"津城的士英雄"，2013 年被评为"津城见义勇为十大勇士"，2015 年荣获"天津市见义勇为先进个人"荣誉称号。

主要事迹

2011 年 12 月 18 日，天津银建的士有限公司司机夏雅欣开车运营至昆纬路附近，遇到一个女孩伸手拦车。夏雅欣把车靠边停了下来，没想到女孩上车就哭，并称刚刚书包被抢了。夏雅欣断定歹徒还没跑远，立即启动车辆追赶，同时叮嘱女孩报警。夏雅欣追出没多远，就发现左前方有一男子拿着一个女式书包正向中山路方向走去。夏雅欣跟女孩核实正是此人抢包，立即提速越过这名男子后将车停下准备堵截，男子发现有人停车很是警觉，也停下了脚步，见附近有一公厕，急忙走入公厕躲避。夏雅欣一直在反光镜里盯着男子的动向，只见男子不断从厕所里向外张望。夏雅欣下车就向男子跑去，男子见势不妙，把手中的书包向相反方向一扔，飞快逃跑。夏雅欣紧追不舍，追到第四医院附近，歹徒拐了个弯后突然不见踪迹。

夏雅欣静下心来，四下认真搜寻，终于在一辆停放的面包车下发现了该男子脚上的白色旅游鞋。夏雅欣捡了块砖头，在面包车边上跟歹徒说："你出来，你要不出来我就砸你！"对峙了一会儿，男子实在无处可逃，慢慢探出了一条胳膊，从车下爬了出来。夏雅欣立即揪住男子的胳膊，将其摁在地上，直至接到报案的民警赶到现场，将歹徒带走审查。

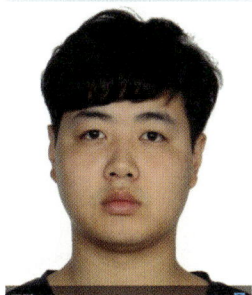

◉ 于鹏

男，1991 年生人，天津市津南区人，公安津南分局小站派出所辅警。

◉ 董振峰

男，1982 年生人，黑龙江省人。

于鹏、董振峰，2012 年荣获"天津市见义勇为先进个人"荣誉称号。

主要事迹

2011 年 9 月 24 日 16 时许，公安津南分局小站派出所接到报警称有人抢劫，辅警于鹏在民警带领下立即进行追捕。其间，歹徒为逃避抓捕边跑边向于鹏等人扔石块，于鹏被石块砸中腿部，但仍然强忍疼痛继续追赶，最终在途经此处的董振峰协助下将歹徒抓获，并交由公安机关依法处理。

◑ 袁勇

男，1985 年生人，天津市河北区人，天津公众停车管理有限公司员工。

2012 年被评为第九届"全国见义勇为英雄司机"，2015 年荣获"天津市见义勇为先进个人"荣誉称号。

主要事迹

2011 年 12 月 27 日 19 时许，一女青年准备上出租车时，一名男子突然从她身后将其随身携带的背包抢走后慌忙逃跑。驾车途经此处的袁勇目睹案件发生经过，随即驾车追赶。追至一小区内花园附近时，发现歹徒正在翻检赃物，袁勇遂冲上前去将其摁住。歹徒负隅顽抗与袁勇厮打在一起，并掏出随身携带的匕首朝袁勇乱刺。袁勇不顾个人安危，上前抢夺匕首。在抢夺匕首过程中，袁勇头部及左手被划伤，歹徒趁机逃脱。袁勇不顾伤痛继续追赶歹徒，后终因流血过多晕倒在地。

◑ 岳志强

男，1980 年生人，山东省人。

◑ 王希权

男，1986 年生人，吉林省人。

岳志强群体，2012 年荣获"天津市见义勇为先进群体"荣誉称号。

主要事迹

2011 年 4 月 12 日 22 时许，歹徒袁某某伙同另两名男子身带弹簧刀窜至河东区大王庄七纬路粮食楼附近，将路过妇女王某某威逼到路边，用弹簧刀威胁并抢走其挎包后逃跑。事主高喊："救命！有人抢劫了。"路过此处的岳志强、王希权等人听到呼救声后迅速追赶歹徒。追逐途中，歹徒袁某某突然转身掏出弹簧刀进行威胁。岳志强、王希权等人不顾个人安危与歹徒搏斗，最终将歹徒抓获。

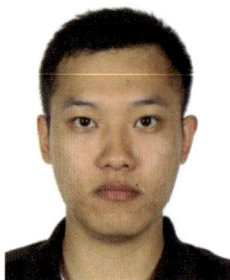

◎ 张宝行

男，1993年生人，天津市西青区人，公安西青分局大寺镇派出所辅警。

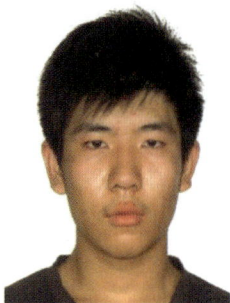

◎ 张立超

男，1994年生人，天津市西青区人，公安西青分局大寺镇派出所辅警。

张宝行群体，2012年被评为"津城百姓英雄群体"。

主要事迹

2011年5月20日23时许，张宝行、张立超等人随民警刘晟驾车巡逻时，接到公安西青分局通报"大寺村有人正用刀砍人"。四人当即赶往大寺村，在绿源超市旁边的一条胡同里，他们见到一名男子声嘶力竭地向过往群众发出威胁，并用菜刀劫持了一名年轻女子。男子情绪激动，大声喊叫要求将其老婆及孩子接来，还扬言要砍自己的外甥。

张宝行、张立超和民警一起不断与男子进行对话，分散其注意力。那名年轻女子趁机突然推开男子手臂，挣脱开男子的控制。该男子眼见女子挣脱，恼羞成怒，边喊边持刀向人群跑来。张宝行二人连忙挺身而出，拦住男子的去路，一边命令男子放下菜刀保持冷静，一边疏散群众撤离现场。该男子不听劝告，挥舞菜刀向民警刘晟冲去，刘晟及时躲开，并将其引向一旁的胡同内。

眼见该男子朝民警追砍过去，张宝行和张立超毫不犹豫地追过去。此时，民警刘晟用手臂夹住男子拿菜刀的胳膊正在搏斗，那名男子还在挣扎着用另一只手去抓刘晟的脸和脖子。张宝行、张立超等人一同扑上去，张宝行上前控制住男子持菜刀的手防止其挥舞伤人，并用尽全力将菜刀夺下。随后二人合力将男子摁倒在地，将其制服。这时，增援的民警赶到现场，带走了男子。刘晟右胳膊内侧被刀划破，脖子和脸也被抓出了血，制服被撕开，后背上还有一条刀印。张宝行、张立超等人的口唇部和头部也被抓伤。

◑ 张国庆

男，1959 年生人，天津市南开区人。

◑ 张忠宇

男，1985 年生人，天津市南开区人，公安西青分局巡警特警防暴三大队辅警。

张国庆、张忠宇 2012 年荣获"天津市见义勇为先进个人"荣誉称号。

主要事迹

2011 年 6 月 16 日 4 时许，家住南开区留园里的居民张国庆、张忠宇父子正在家中睡觉，忽听楼下摩托车报警器声响，遂一同下楼，看见一名男子正在撬盗摩托车。父子二人上前对其进行质问，窃贼见状撒腿就跑，父子立即追赶，在小区内抓获一名窃贼。此时，在小区门口的四名窃贼同伙各持砍刀过来解救被抓的同伙，并对父子二人进行报复。在搏斗中，张国庆右手、左大腿两处被砍伤，张忠宇面部左侧、双手、左腿多处被砍伤，几名歹徒趁机逃走。

◎ 张立

男，1986 年生人，天津市河东区人，公安东丽分局巡警二队辅警。

◎ 陈继东

男，1990 年生人，天津市东丽区人，公安东丽分局巡警二队辅警。

◎ 叶广鹏

男，1980 年生人，天津市和平区人，公安东丽分局巡警二队辅警。

张立群体，2012 年荣获"天津市见义勇为先进群体"荣誉称号。

主要事迹

2011 年 3 月 29 日 1 时 30 分许，公安东丽分局巡警二队接报，东丽区汽研中心家属院一名患有精神病的男子在家中挟持其母亲，情况紧急。辅警张立、陈继东、叶广鹏立即随民警赶往现场，到达现场后，发现该男子在屋内用菜刀和斧头挟持其母亲并将门窗紧锁。经过周密部署，消防部门用水冲击该男子，辅警队员用拳头击碎窗户，迅速控制持刀男子双手，将斧头和菜刀夺下，最终成功解救了人质。

■ 2012 年

◐ 安治伟

男，1986 年生人，河北省人。

2012 年荣获"感动北辰文明人""真情天津 2012 都市年度人物""天津青年五四奖章"，被追授为"承德见义勇为道德模范""十大新闻人物"；2015 年荣获"天津市见义勇为模范"荣誉称号，被评定为烈士。

主要事迹

提起隆化，我们自然而然地联想到舍身炸碉堡的董存瑞，如今，一位"80 后"隆化来津务工青年用自己的舍身义举再次成为隆化的骄傲。

事情发生在 2012 年 8 月 5 日的双街镇庞嘴大桥上。北运河蜿蜒曲折流经此处，最深达四五米，当天 14 时 30 分许，一对年轻夫妻有说有笑沿河而来，走在前面的是已在天津打工 5 年的隆化县小伙儿安治伟，后面紧紧跟随的是刚刚与他订婚三个月的女友。安治伟 5 号歇班，特意陪着女友去逛超市，采买结婚用品。就在小俩口满载而归、接近桥头时，猛然发现桥上一中年男子扔下自行车跳进北运河，后边还有位大娘边追边喊："孩子，别做傻事！"安治伟只说了句："有人跳河！"没等女友回话，就径直冲向桥边，来不及脱衣服，直接跃入水中，奋力向男子游去，但连日降雨使北运河流速陡增，瘦弱的安治伟几经努力才得以靠近，然后用尽全身力气一点一点将跳河男子推举到岸边，闻讯而至的几位路人也纷纷伸出援手，共同将中年男子拉上了岸。安治伟却因体力不支，被湍急的河水卷回深水区。

　　"快救救小伟，他还在水里……"桥上一个女孩已泣不成声。人们忽然意识到，刚刚还露着头的救人小伙儿已从视线里消失了。多名群众再次跳下水，10分钟、20分钟、40分钟，终于找到安治伟，将他抬上岸，由120救护车急送北辰中医医院，虽经全力抢救，但终因溺水时间过长，年仅27岁的英雄永远地睡去了。

　　在8月9日追悼大会上，北辰、承德的党政干部，安治伟的同事、好友，以及和他从未谋面的天津群众近千人，拉着写有"壮举永留人间，英雄一路走好"的横幅，自发矗立在道路两旁，默默送英雄走完人生的最后一程。

◉ 付同军

男，1980年生人，天津市津南区人，公安津南分局巡（特）警支队辅警。

◉ 刘宝泉

男，1987年生人，天津市津南区人，公安津南分局巡（特）警支队辅警。

付同军、刘宝泉，2015年荣获"天津市见义勇为先进个人"荣誉称号。

主要事迹

2012年5月14日3时许，付同军、刘宝泉在和民警巡逻时收到布控指令，要求对两名盗窃嫌疑人进行拦截。一名形迹可疑男子见到付同军、刘宝泉后立即逃跑，付同军、刘宝泉二人见状在后紧追。该嫌疑男子随即拿出一把手枪对付国军、刘宝泉二人进行威胁。付同军、刘宝泉二人不畏危险和嫌疑人进行周旋，后嫌疑男子继续逃窜，最终被付同军、刘宝泉二人和民警抓获。

◑ 高宝起

　　男，1958 年生人，天津市东丽区人，中国银行天津东丽华明支行保安。

◑ 王淑香

　　女，1972 年生人，天津市东丽区人，中国银行天津东丽华明支行保洁员。

◑ 张燕

　　女，1979 年生人，天津市东丽区人，中国银行天津东丽华明支行大堂客户经理。

◑ 龚灏

　　男，1981 年生人，天津市东丽区人，中国银行天津东丽华明支行柜员。

高宝起群体,2015年荣获"天津市见义勇为先进群体"荣誉称号。

主要事迹

2012年3月26日13时50分许,歹徒孙某某窜入天津市东丽区华明家园中国银行华明支行营业大厅内,持刀挟持了银行大厅内办公的理财经理张燕,并要求银行工作人员交出30万元现金。危急时刻,张燕沉着应对,双手紧紧抓住歹徒的手腕,并将歹徒推至银行大厅的墙根儿处,同时大声呼喊银行保安员高宝起。

高宝起闻声赶来,奋力夺下歹徒手中的两把尖刀,将刀交给赶来的银行保洁员王淑香。在夺刀过程中,高宝起的左手食指被划伤,但他丝毫没有在意,扑向了歹徒与之搏斗,并与银行柜台营业员龚灏一起将歹徒拉到银行大厅中央,死死摁在沙发上,直到民警赶到。

◑ 陈生

男，1977 年生人，天津市津南区人。

◐ 高相正

男，1963 年生人，天津市津南区人。

◐ 高明升

男，1969 年生人，天津市津南区人。

陈生群体，2015 年荣获"天津市见义勇为先进群体"荣誉称号。

主要事迹

2012 年 7 月 12 日 14 时许，一名妇女在乘坐公交车时发现其包内的现金与照相机被盗，忙下车寻找。此时，正巧在公交车站附近的出租车司机高相正、高明升、陈生三人目睹了一名携带黑色电脑包的男子走下公交车，并鬼鬼祟祟地走向人员稀少处。失主来到车站向三人询问是否看到一名男子携带财物，其描述的形象与三人目睹的男子形象十分相似。于是，三人主动陪同失主追赶该名男子，并质问其是否有偷窃行为。男子起初并不承认，但在三人多番质问下，在电脑包中拿出一个钱包和一款照相机，经失主辨认确系自己丢失财物。该男子将现金及相机扔在地上企图逃跑，又掏出匕首威胁众人，随后陈生等三人与歹徒搏斗，并协助赶来的民警将其制服。

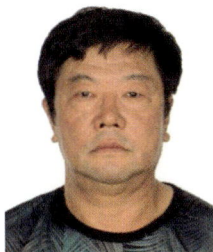

◑ 韩玉泉

男，1960 年生人，天津市河东区人，敦恒出租汽车公司司机。

2013 年荣获"全国见义勇为英雄司机"荣誉称号。

主要事迹

2012 年 7 月 29 日凌晨，韩玉泉驾驶出租汽车行至天津市河西区琼州道云景大厦附近时，突然冲出一名女子，拦住他的出租车对他讲，自己的挎包刚刚被一男子抢走，嫌疑人已驾车逃跑，恳请他帮忙追赶。韩玉泉二话没说，立即让该女子上车，猛踩油门向女子指示的歹徒驾车逃跑方向追去。在追赶途中，韩玉泉边安慰女子，边让她报警。

韩玉泉很快发现了一辆红色轿车与被害人描述的特征极为相似，待被害人确认后，韩玉泉紧握方向盘，加大油门追了上去。嫌疑车辆无路可逃，便停了下来。为了避免歹徒逃脱，韩玉泉用车头紧紧地顶住嫌疑车辆的尾部。就在此时，穷凶极恶的歹徒猛地提速，撞击出租车，韩玉泉立即跳下车，疾步跑到嫌疑车辆旁边，用力拉拽驾驶室一侧车门，欲擒获歹徒，但车门已上锁无法拽开。歹徒重新发动汽车，继续疯狂逃窜。韩玉泉毫不退缩，他用尽全身的力气紧紧地拽住车门。歹徒完全丧失了理智，继续加速驾驶车辆。韩玉泉仍然紧紧地拽着车门，由于车速太快，韩玉泉被车辆拖出十余米后，摔倒在地，身上多处擦伤，鲜血一下子流了出来。他咬紧牙关，强忍剧痛，从地上站了起来，打开出租车车门，稳握方向盘，驾车继续追赶歹徒。追至河西区琼州道附近时，歹徒被赶来的民警与群众联手抓获。

● 花少奇

男，1970 年生人，天津市静海区人。

2015 年荣获"天津市见义勇为先进个人"荣誉
称号。

主要事迹

2012 年 6 月 3 日 15 时许，花少奇途经健康产业园北华路和团泊大道
交口处时，突然听到景观桥下孩子们慌乱的救命声。花少奇望过去，看到
远处的河水中有几个孩子在慌乱地呼叫挣扎，他意识到有危险发生，立即
放下车子飞奔过去，见两个男孩正在水中挣扎。在这情势危急、性命攸关
的时刻，花少奇毫不犹豫纵身跳入水中，迅速将两名落水儿童拖上岸。听
说还有一名儿童已经沉入水中时，他一个猛子再次扎入水中。由于用力过
大，头撞在水中的水泥围堎上。顿时，他感到剧烈的头痛、头晕。但为了
及时救出孩子，他忍着疼痛，翻过掩匿在水里的围堎，潜入 2 米多深的水
底，几经努力终于摸到了孩子的一只脚，他憋住气，使尽浑身力气将沉溺
河底的儿童拖出水面。孩子拖上河岸时已经面色铁青，呼吸停止。

在众人的配合下，花少奇凭着以往掌握的经验，对溺水儿童进行紧
急施救，经过大家共同的爱心营救，终于将一个七窍出血、重度休克的溺
水儿童从死亡线上拉了回来。

◑ 华跃勤

男，1950 年生人，中共党员，天津市河北区人。

◑ 付吉梅

女，1962 年生人，中共党员，天津市河北区人。

◑ 陈士珠

女，1959 年生人，天津市河北区人。

◑ 殷风贵

男，1941 年生人，天津市河北区人。

华跃勤群体,2015年荣获"天津市见义勇为先进群体"荣誉称号。

主要事迹

2012年7月20日上午,山东警方会同红桥分局民警到河北分局月牙河派出所,通报被山东警方网上追逃的涉嫌在山东阳谷县杀人的犯罪嫌疑人曹玉莲可能藏匿于河北区靖江南里界内。靖江西里义务巡逻队华跃勤等人得知该情况后,逐楼摸排、访问治安积极分子、楼栋长。经细致工作,发现在靖江南里某居民家中住着一名在此照顾老人的外地女子与嫌疑人特征相符,但是姓名不符。华跃勤等人立即将该情况向管界民警汇报,并积极配合民警工作。由于担心嫌疑人劫持被其照顾的老人,危害老人人身安全,所以山东警方的同志不便露面,由霍淑英、赵玉兰配合其他人员在楼下该住户窗外监视,防止嫌疑人跳窗逃跑,由管界民警带领华跃勤、付吉梅以登记家庭有关情况名义上门入户。

华跃勤、付吉梅敲门,开始对方不给开门,经进一步工作称要求房主签字,对方才将房门打开,三人冲进屋内,华跃勤配合管界民警将嫌疑人控制住,付吉梅负责该户老人安全。被控制女子称自己是东北人,随后山东警方进入房间,她只好承认了自己的真实身份。该嫌疑人被当场移交山东警方。2012年7月,华跃勤、付吉梅还曾配合警方抓获网上逃犯。

◑ 黄景生

男，1971 年生人，天津市蓟州区人。

2015 年荣获"天津市见义勇为先进个人"荣誉称号。

主要事迹

2012 年 6 月 30 日 15 时许，黄景生和妻子、女儿一起去蓟县莱德商厦购物时该商厦发生火灾。黄景生在已脱离危险的情况下，先后四次进入起火的商厦帮助多名群众逃生。由于现场烟雾很大，导致其昏厥，黄景生的女儿获救，妻子不幸遇难。

◐ 焦道荣

男，1973年生人，天津市北辰区人，河东联众出租车司机。

2012年被评为"津城的士英雄"。

主要事迹

2012年6月8日19时30分许，焦道荣正在天津市红桥区南运河北路运输六场后面的河边擦洗出租车。这时一女子跑过来大声求救，称其公公不慎落水。焦道荣跑到河边看到老人正在河中挣扎，便毫不犹豫跳入河中向老人游去，连拉带拽将老人拖到岸边，在岸边其他群众的帮助下将老人救上岸。事后，老人家属多次提出经济感谢，但均被焦道荣婉言拒绝。

◑ 李东生

男，1986 年生人，中共党员，河北省人，金地集团天津分公司物业管理部工作人员。

◑ 陈迎富

男，1995 年生人，山西省人。

◑ 丁建

男，1992 年生人，山西省人。

◑ 刘涛

男，1993 年生人，天津市蓟州区人。

◑ 佟宇

男，1996 年生人，黑龙江省人，京东工作人员。

李东生群体，2013 年被评为"津城百姓英雄群体"，同年被评为"津城见义勇为十大勇士群体"，2015 年荣获"天津市见义勇为先进群体"荣誉称号。

主要事迹

2012年6月6日凌晨1时左右，李东生、陈迎富、丁建、刘涛、佟宇等治安巡逻队员驱车巡逻至西青开发区第四期工地附近时，在李庄子砖道上发现2名男子边走边四处张望。因为该路段没有路灯，夜深时几乎没有行人，这2名男子的举动引起了经验丰富的队长李东生的怀疑，他立即停车并带领队员们拦住2人。2名男子被几名巡逻队员分开查问，其中一名身穿夹克的20多岁男子面对查问沉默不语，右手却摸向后腰。突然从夹克下掏出手枪，枪口对着李东生，手指压在扳机上，随时可能开枪。

转眼之间，双方形势逆转，持枪男子似乎占了上风，威胁着巡逻队员的生命。李东生毫无惧色猛然冲了上去，用双手紧抓该男子握枪的手，用全身力气将枪口向下压。男子用另一只手攥拳猛击李东生背部，想趁李东生躲避时抽出被压住的枪。危急时刻，李东生强忍剧痛，坚持用身体压住手枪，以防其开枪伤人。此时，站在旁边的刘涛等人也扑到持枪男子的身上，将其压在地上，同时伸手拉拽男子的双臂。该男子多次企图掉转枪口开枪，但在几名队员的压制下，未能得逞，最终被队员们夺下手枪。

与此同时，另一可疑男子见状也把左手伸向腰间，同时挥出右拳直击巡逻队员丁建的面部，陈迎富、丁建、佟宇等人纷纷扑上。该男子还未掏出腰间的钢珠枪，就已被众人制服。两名男子受制后妄图挣脱逃跑，此刻民警已快速赶到，并控制了两名歹徒。经民警讯问得知，两名歹徒都是山东人，当晚持手枪、钢珠枪预谋抢劫，幸被巡逻队员及时发现并擒获。

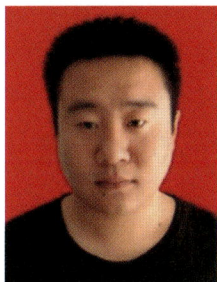

◐ 何青

男，1990 年生人，中共党员，天津市西青区人，公安西青分局巡警支队二大队巡防员。

2015 年荣获"天津市见义勇为先进群体"荣誉称号。

主要事迹

2012 年 4 月 30 日 12 时许，一辆黑色伊兰特轿车在梅江小区附近时走时停，车上四名男子不断下车向停在路边的车辆内张望，正在巡逻的何青发现可疑情况后，立即向上级报告了情况。这时，一男子逐渐向一辆轿车靠近，砸碎该车玻璃，从车内盗取一手包后迅速上车准备逃跑。何青等多名巡防员迅速上前围堵该男子，经过一番搏斗，与增援的民警将四名歹徒成功抓获。

◉ 李智

男，1979 年生人，天津市河东区人。

2012 年被评为第九届"全国十大见义勇为英雄司机"，2015 年荣获"天津市见义勇为先进个人"荣誉称号。

主要事迹

2012 年 4 月 4 日 10 时许，李智驾车和爱人行至天津市南开区古文化街海河西路戏楼附近，他坐在车内等候爱人去办事。其间，他发现一名男青年围着旁边停放的一辆香槟色夏利车转了几圈，随后在路边观察，10 分钟后，看到周边无人，男青年迅速窜到夏利车旁，用手将该车侧门玻璃使劲儿下压，待车窗露出缝隙后又伸手将车门锁打开，随后钻进车内盗窃财物。窃贼一连串的举动被李智全部看到，眼见窃贼钻出车厢要跑，他立即下车，紧跑几步，迅速挡在窃贼的身前。随后，窃贼见无法脱身，便猫腰捡起一块板砖，边威胁边两次砸向李智的后脑。头部被砸，剧痛伴随着眩晕，但李智仍然继续和歹徒搏斗，最终将歹徒死死压在了身下。这时妻子返回，立即报警，民警第一时间赶到将窃贼擒获。随后，李智不顾伤痛，又协助民警将窃贼扭送到派出所。

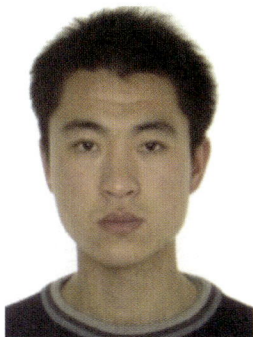

◎ 刘明星

　　男，1982 年生人，中共党员，天津市北辰区人，天津市北辰区西堤头镇刘快庄村治保会巡逻队队员。

◎ 刘俊武

　　男，1985 年生人，天津市北辰区人，天津市北辰区西堤头镇刘快庄村治保会巡逻队队员。

◎ 王铁雄

　　男，1953 年生人，福建省人。

◎ 王楚钦

　　男，1981 年生人，福建省人。

　　刘明星群体，2015 荣获"天津市见义勇为先进群体"荣誉称号。

主要事迹

2012 年 11 月 15 日 20 时许，歹徒姜某某持枪闯入北辰区刘快庄村市场内的一金店进行抢劫，事主王铁雄、王楚钦父子奋力抵抗。见歹徒逃出店铺，父子俩立即追赶出来，并在店外与其搏斗。巡逻队员刘俊武、刘明星发现此情况后，不顾个人安危，也上前去与歹徒进行英勇搏斗，刘明星将姜某某的枪抢下，最终四人合力将姜某某抓获。

● 刘泽辉

男，1983 年生人，天津市滨海新区人，天津市津达出租汽车有限公司司机。

● 姜成华

男，1980 年生人，天津市滨海新区人，天津市津达出租汽车有限公司司机。

刘泽辉、姜成华，2015 年荣获"天津市见义勇为先进个人"荣誉称号。

主要事迹

2012 年 10 月 9 日下午，边某某驾驶出租车搭乘刘某某由开发区至塘沽区入口卡子门外桥下时，刘某某持刀对其实施抢劫，边某某反抗时被刘某某捅伤。随后，边某某使用电台向同伴求救，刘某某趁机逃跑。出租车司机刘泽辉、姜成华听到呼救后，立即赶到事发地点，两人将受伤的边某某扶到一旁，拨打电话报警，并问清了歹徒的体貌特征，随后在周围进行搜寻。在距离事发地 500 米左右的小路上，两人发现了歹徒，迅速追赶上前将其当场抓获，并扭送至派出所。

◉ 罗杰

男，1966 年生人，天津市河北区人。

2015 年荣获"天津市见义勇为先进个人"荣誉称号。

主要事迹

2012 年 9 月 22 日 5 时许，宛某携带斧头等作案工具窜至河北区林容里的付某家中将其杀死后逃跑。付某邻居罗杰听到打斗声和呼救声后立即报警。发现歹徒逃离现场时，罗杰急忙进行跟踪，向警方提供歹徒的逃跑方向，并配合民警将其抓获。

◑ 孟祥国

男，1979 年生人，天津市滨海新区人，天津市伟辉喷涂厂职工。

◑ 张树军

男，1976 年生人，天津市滨海新区人，天津市伟辉喷涂厂职工。

◑ 张树营

男，1979 年生人，天津市滨海新区人，天津市伟辉喷涂厂职工。

◑ 张树旺

男，1991 年生人，天津市滨海新区人，天津市伟辉喷涂厂职工。

孟祥国群体,2015年荣获"天津市见义勇为先进群体"荣誉称号。

主要事迹

2012年3月3日12时许,大港伟辉喷涂厂门前停放的一辆捷达轿车车窗被砸,窃贼正从车内盗窃一皮包时被喷涂厂职工孟祥国、张树军、张树旺、张树营发现。四人在喝止的同时追赶逃跑的窃贼,窃贼手持匕首对他们进行威胁恐吓。四人毫不畏惧,不顾危险冲上去将窃贼扑倒,夺下匕首,并死死摁住歹徒,用绳子将其捆绑,交给闻讯赶来的民警。

◐ 牛玉青

女，1961 年生人，天津市河东区人，天津市河东区万新村曲溪中里居委会工作人员。

◐ 李宝亮

男，1977 年生人，天津市河东区人，天津市河东区万新村曲溪中里居委会工作人员。

◐ 陈立松

男，1969 年生人，中共党员，天津市河东区人，天津市河东区万新村曲溪中里居委会工作人员。

◐ 焦丽娟

女，1969 年生人，中共党员，天津市河东区人，天津市河东区万新村曲溪中里居委会工作人员。

◑ **李文丽**

女，1986年生人，中共党员，天津市河东区人，天津市河东区万新村曲溪中里居委会工作人员。

◑ **费秀锦**

女，1963年生人，天津市河东区人，天津市河东区万新村曲溪中里居委会工作人员。

牛玉青群体，2015年荣获"天津市见义勇为先进群体"荣誉称号。

主要事迹

2012年5月7日10时许，吴某某因对原居委会主任王某某有看法，手持水果刀找到河东区万新村曲溪中里居委会，将王某某捅伤，后企图继续行凶。居委会工作人员牛玉青、李宝亮、陈立松、焦丽娟、李文丽、费秀锦冲上前将吴某某摁在地上制服，并拨打110报警。

◑ 任桂兰

女，1965 年生人，天津市红桥区人，天津露文出租汽车公司司机。

2013 年被评为"津城的士英雄"。

主要事迹

2012 年 9 月底的一天，任桂兰驾驶出租车行至河北区房产大厦门前，上来一位男性乘客，将其送至目的地后，任桂兰发现车内的 2000 余元现金被盗。10 月 22 日晚，任桂兰驾驶出租车在红桥区北洋桥附近搭乘一男子，任桂兰认出其就是 20 多天前盗窃自己车内现金的男子。任桂兰没有慌乱，与该男子聊天转移其注意力，驾驶车辆向附近的丁字沽派出所行驶，车辆行至派出所门前该男子发觉后下车逃跑，任桂兰在后紧紧追赶，边追边喊："抓坏人。"这时，一位外出回所的民警赶到将该男子抓获，带回派出所。后经查，该男子系网上通缉的逃犯，与其他团伙成员以此手段盗窃出租汽车司机财物。

◉ 盛永新

男，1989 年生人，黑龙江省人。

2015 年荣获"天津市见义勇为先进个人"荣誉称号。

主要事迹

2012 年 2 月 25 日 1 时许，盛永新在精武镇一网吧上网时，听到网吧外有人喊抓小偷，他连忙冲出网吧，死死抱住窃贼。窃贼欲挣脱未果，从地上捡起一根铁棍，朝盛永新的头部猛烈击打，致盛永新头部出血，软组织损伤。盛永新忍着剧痛与其继续搏斗，直至公安民警赶来，一起将窃贼制服。

● 田鹏

男，1991 年生人，河南省人，生前系天津大学仁爱学院艺术系学生。

2015 年荣获"天津市见义勇为模范"荣誉称号，被评定为烈士。

主要事迹

2012 年 5 月 25 日下午，田鹏与学校的 20 多名同学冒着濛濛细雨来到团泊村别墅区附近的七排干河岸边聚餐。一男生来到河岸边，没想到脚下一滑掉进河里，因为河堤呈五六十度，石头上又长满了青苔，加上下着小雨，这名男生未爬上岸来。

见到同学在水中挣扎，翟旭阳和一男生便手拉手站在陡峭的河堤上，试图把落水同学拉上岸。由于救人心切没考虑太多，堤岸石头上的青苔又太滑，两人也坠入了河中。随后，几名男生又在使用同样的方法施救时也落入河中。此时，岸上的其他同学被眼前的一幕吓呆了。

见到同学先后落水，不会游泳的田鹏连忙与岸上的部分女同学继续用手拉手的方法抢救落水者。当时，田鹏紧贴着水面，用左手拽住了一名落水的同学，由于他个子不高，身材也比较瘦小，很快他的左手就没劲儿了，就在他换手时，因为手上有水很湿滑，一下也落入河水中。当时，场面非常混乱，而河水至少有两三米深，降雨使得水流加速，这时有女同学找来树枝等物，才陆续把落水的六七名男生救上岸。突然，有同学喊："田鹏没上来，他在河中间了。"正当大家准备下水施救时，田鹏已被水流带走，消失在河中。

◐ **王露荣**

男，1978年生人，中共党员，天津市武清区人。
2015年荣获"天津市见义勇为先进个人"荣誉称号。

主要事迹

2012年5月19日上午，王露荣从北京回到武清区曹子里乡肖店村老家看望双亲。一家人正在屋里聊天，突然听到有人大喊着火了，王露荣赶紧出去查看，发现与自家隔着两排房的一家绢花厂失火了。见此情景，王露荣急速向现场奔去。在纷乱的现场，王露荣看到一个女孩哭着说妈妈还在里面没有跑出来。这个女孩的母亲是从河北邯郸来此打工的，此时还被困在屋内，处境危险。王露荣听后立即和一名村民一起砸破起火房间的玻璃，但因为那扇窗户距离地面有一米半高，被困在屋内的妇女无法出来。在这千钧一发的紧要关头，武警出身的王露荣纵身跃起，扒上满是碎玻璃的窗台，忍着起火高温的灼痛和胳膊被玻璃划伤的刺痛将自己的上半身探到房间内，把被困女工从屋里拽了出来，解救了这名女工的生命。

救出被困女工后，王露荣又和消防队员及乡亲们一起参与灭火、抢救财物、清理现场等工作。临近中午，王露荣回家匆匆吃了几口饭就又赶快回到现场帮忙。下午，王露荣在和乡亲们一起帮着清理下水道挥锹挖泥时，眼前一黑，突然昏倒在地，失去了知觉。乡亲们看到这一情况，火速将王露荣送往区中医院抢救，因王露荣在救人过程中吸入了过量由化工原料燃烧所产生的一氧化碳等多种有毒气体，造成肺部感染，呼吸衰竭，深度昏迷。经过医生48小时的抢救，王露荣才脱离了生命危险，恢复了意识。

◑ 王新强

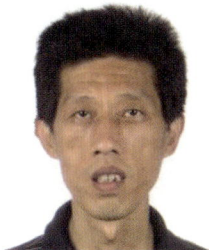

男，1962 年生人，天津市和平区人，生前系天津市保安服务总公司和平分公司保安员。

2013 年被评为"津城百姓英雄"，2015 年荣获"天津市见义勇为模范"荣誉称号，被评定为烈士。

主要事迹

2012 年 5 月 17 日将近下班时间，王新强像往常一样，在和平分局刑侦支队反扒民警的带领下上街巡逻，一男一女两名可疑人员进入他们的视线。这一男一女将女事主放在电动车车筐内的挎包盗走并藏匿于女嫌疑人携带的包内后，分头而行。民警根据实际情况作出判断，继续跟踪女嫌疑人。

由于处于下班时间段，路上行人很多，女窃贼转进楼群内，王新强也迅速进入楼群。此时，女窃贼已经与男窃贼汇合，看见王新强追来，当即进行反抗。王新强迅速抱住男窃贼进而顺利将其控制住，此时民警则向女窃贼冲去。正当民警抓捕女窃贼时，已被王新强控制住的男窃贼突然掏出弹簧刀对王新强胸部、腹部、双臂多处猛捅数刀，并迅速逃离现场。王新强倒在血泊之中，待 120 急救人员赶到时，王新强已无生命体征，英勇牺牲。

经进一步工作，和平分局民警将男窃贼抓获。经审讯获知，男窃贼身负重案，是一个在逃 6 年的重案犯。

◉ 王又兴

男，1962年生人，中共党员，天津市滨海新区人。
2013年被评为"津城百姓英雄"，2015年荣获"天津市见义勇为先进个人"荣誉称号。

主要事迹

王又兴不善言谈，却从骨子里透出一股正气。2012年9月18日1时许，他在新开北路运输公司驾校附近遇到一名30岁左右的单身女子徐某搭乘出租车。徐某上车后向王师傅称最近她下夜班后总感觉被人跟踪。前几天，她在家中休息时还被人故意拉断电闸，因此她预感到自己被坏人盯上了。害怕至极的徐某恳请王师傅在楼下看到她家中亮灯后再离去。眼见徐某只身一人且满心恐惧，王又兴毫不犹豫地答应了下来。

就在该女子上楼后不久，楼道内突然传出呼救声。王师傅顿时想起与女子的谈话，立即摁下汽车喇叭，随后下车跑进楼道。当他跑到2楼时，看到一名男子正慌忙往楼下跑。"别跑！"王又兴当即将男子拦住并抓住对方胳膊。此时，脖子受伤的女子跟跟跄跄地跑下楼。因为心虚，该男子一直辩解求饶，借口没有伤人，希望王又兴放他走。王又兴没有理会并提醒惊魂未定的徐某报警。

民警赶到后立即将该男子带回派出所，经审查获知，该男子曾3次尾随徐某回家，并曾拉断徐某家的电闸，试探其家中是否还有别人。9月18日凌晨，他提前等在徐某家附近欲实施强奸，发现出租车后就骑车到女子家楼栋，并在4楼躲藏。女子家住3楼，就在她准备开门时，该男子跑下来掐住女子脖子，拖至2楼半，欲施暴强奸。未想到，徐某呼救，又听到汽车喇叭响，怕有人发现立即逃跑，却被王又兴拦住去路。民警经工作，发现该男子不但图谋对徐某施暴，之前还涉嫌多起强奸、猥亵案件。

　　事后，王又兴坦言道："遇到这种事，我也是第一次。但如果当时因为怕事而一走了之，事后听说人家被强奸了或是遇害了，那咱可得后悔一辈子了！"

◉ 吴川

男，1982年生人，天津市河西区人，个体工商户。

2015年荣获"天津市见义勇为先进个人"荣誉称号。

主要事迹

2012年10月15日11时30分许，吴川在河西区微山路华山里地铁站发现一男子正在撬盗自行车，遂上前制止并报警。该男子停止作案向附近小区内逃窜，吴川立即追赶进行拦截，男子穷凶极恶地掏出匕首恐吓吴川。吴川不顾个人安危与之搏斗，在耳部、手部受伤的情况下仍紧抓窃贼不放，最终与随后赶到的民警一起将其抓获。

◍ 武玉芝

女，1962 年生人，天津市西青区人。

◍ 边秀凤

女，1951 年生人，天津市西青区人。

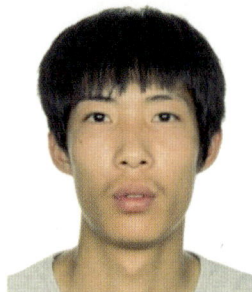

◍ 丁宪峰

男，1996 年生人，天津市西青区人，李七庄派出所综治员。

武玉芝群体，2015 年荣获"天津市见义勇为先进群体"荣誉称号。

主要事迹

2012 年 11 月 25 日 11 时许，13 岁的男孩周某在西青区李七庄街丰产河边玩耍时不慎滑落河内，惊慌呼救拼命挣扎过程中，男孩逐渐远离河岸，挣扎搅动的水纹也因男孩力气逐渐用尽越来越小。男孩的呼救声引来了路过此处的边秀凤，由于已六旬高龄又不会游泳，情急之下，边秀凤站在岸边大呼救命。50 岁的武玉芝闻声而至，迅速跑到河边。时值冬季，河水冰冷刺骨，一旦入水，危机重重，熟知水性的武玉芝却毫不犹豫，直接跳入河中游向男孩，一把抱住已无力挣扎的男孩拼命往岸边游。与此同时，听到呼救声的 16 岁少年丁宪峰也迅速赶到河边。天寒水冷，河岸又陡又滑，丁宪峰和边秀凤都是附近居民，深知武玉芝入水救人，没人帮忙很难上岸，而一旦上岸延迟，后果不堪设想。二人站在陡滑的岸边给武玉芝加油鼓劲，并合力将落水男孩和武玉芝拉拽上岸。经抢救，落水男孩最终平安脱险。而上岸后的武玉芝脸色冻得铁青，浑身打颤，回家后，卧床多日才得以恢复。

◎ 辛良

男，1962 年生人，天津市宝坻区人。

2015 年荣获"天津市见义勇为先进个人"荣誉
称号。

主要事迹

2012 年 4 月 27 日 10 时许，辛良在林亭口集市上做生意时，发现一
名男子盗窃一老太太黄金项链（价值 7000 余元）后逃跑。辛良不顾个人
安危将该男子抓获，交给闻讯赶来的民警。经审讯，该男子对犯罪事实供
认不讳。

2012 年 6 月 23 日 11 时许，两名男子窜至唐通公路方家庄路段，持
刀抢劫一过路女子黄金项链后骑摩托车逃跑。公安宝坻分局设卡民警发现
劫匪并追至林亭口镇南在沽村，劫匪丢弃摩托车分头逃窜。此时，辛良正
从自家后门出来，发现一名男子慌忙跑过，身后有民警追赶，立即意识到
该男子有问题便冲上前去，将其抓住交给赶到的民警。随后，又配合民警
追赶另一名劫匪，在村东水渠发现他正涉水逃跑，便不顾个人安危跳入水
渠，并将其抓获。经公安机关审讯，两名劫匪交代先后在天津市宝坻区及
河北省唐山市等地连续抢劫、抢夺作案 4 起。

◑ 杨四亮

男，1953 年生人，天津市南开区人，天津市和平区小小世界幼儿园值班员。

2015 年荣获"天津市见义勇为先进个人"荣誉称号。

主要事迹

2012 年 8 月 18 日 3 时 50 分许，在和平区小小世界幼儿园值夜班的杨四亮发现教室门框上自己晾晒的衣物丢失，怀疑有人盗窃。随即在幼儿园巡视，发现园长办公室屋门敞开，屋内东西被翻乱；到第二间办公室发现屋门反锁，隔窗看见一个人趴在地上，头顶着门。杨四亮立即拨打 110 报警，并拿了一根棍子站在门口。正在路面巡逻的民警接警后立即赶到现场，在杨四亮指引下将窃贼抓获，扭送至劝业场派出所。

◉ 袁帅

男，1983 年生人，天津市东丽区人，天津钢管公司职工。

2015 年荣获"天津市见义勇为模范"荣誉称号。

主要事迹

2012 年 9 月 4 日 10 时许，袁帅与妻子在店内维修电脑时突然听见店外有吵闹声，出门发现人群中一男子与服装店的女主人发生争执，该男子手持一把折叠刀在女店主身前比画。袁帅见状立即上前阻止，并从身后抱住该持刀男子，持刀男子转身用刀刺伤袁帅后欲逃跑，附近民警及时赶到将捅人男子抓获。

◉ 张松

男，1965 年生人，天津市红桥区人，天津银建出租汽车公司司机。

2012 年被评为"津城的士英雄"。

主要事迹

2012 年 5 月 4 日 18 时许，赵某某窜至河西区友谊路与宾友道交口，见到事主何某某站在路边，欲与何某某发生性关系，遂上前给何某某观看储存在手机内自己的生殖器照片并进行言语骚扰，遭拒绝后随即逃跑，逃至友谊路瀚金佰洗浴门前被出租车司机张松抓获。

◐ 张文华

男，1951 年生人，中共党员，天津市红桥区人，天津市道桥管理处退休人员。

2013 年被评为"津城百姓英雄"，同年被评为"津城见义勇为十大勇士"；2015 年荣获"天津市见义勇为先进个人"荣誉称号，还作为天津的代表受邀参加了由中宣部组织的学习时代楷模座谈会。

主要事迹

提起张文华，可能有的人还会感到陌生，但如果提起"憨厚哥"，相信天津人几乎无人不知无人不晓。2012 年 6 月 3 日，刚从道桥处退休不久的张文华在西沽公园拼尽全力救起两名落水女孩，上岸后拿着湿透的手机时的那憨厚一笑，被人定格在镜头前并传到网上。网络上的疯狂转载让他得到了"憨厚哥"的美称，也让他的事迹传遍了整个天津市，乃至大江南北。

2012 年 6 月 3 日 9 时许，张文华到西沽公园莲花池边听人唱戏。突然，附近传出"扑通"一声，似有人落水了。由于眼睛做过手术，他的视力范围只有正常人的 30% 左右，他赶紧走到湖边，发现真的是两名女孩落水。来不及思索，也顾不上脱衣服和鞋，张文华直接跳下去救人。一下子要救两个人，并不擅长游泳的他很有些费劲儿，只能一手抓住一个人，一点点往岸边靠，有好几次他都已经觉得精疲力竭，但凭借着强大的意志力和坚定的信念，最终他成功地游到了岸边。在岸边市民的帮助下，两名落水女孩终于被救了上来。

● 张永楠

男，1967年生人，中共党员，天津市北辰区人，生前系天津华信诚木业有限公司员工。

2012年荣获"天津市见义勇为模范"荣誉称号；2013年被评为"津城百姓英雄"，同年被评为"津城见义勇为十大勇士"；2014年被评为"全国见义勇为英雄"，被评定为烈士。

主要事迹

2012年2月9日14时20分许，家住北辰区双口镇的三名儿童周某、吴某、张某同到村西一水坑冰面上玩耍。周某拿着一个纸箱在水坑不结冰处舀水时不慎落水，张某去拉周某，也一并落水，二人在水中挣扎。吴某急忙跑到张某家中报信，张某的父亲张永楠和家人闻讯赶来营救，看见张某手臂趴在冰沿处等待救援，而周某已沉入水中。张永楠急忙跳下水，先对周某施救，因水又深又凉，张永楠使出全身力气几经努力均未能将周某托出水面，后终因体力不支二人一同沉入水中。

张某的家人见状急忙返回村叫人帮忙，途中遇到村民毛军，毛军闻讯立即赶到现场，冒险走到冰缘处将女童张某拉上冰面，随后毛军发现了水中周某的一只脚，立即俯身施救，但冰面突然崩裂，毛军落入冰冷的水中，后在他人的帮助下挣扎上岸。

闻讯后，村民张志楠、张庆楠、张同盟也相继赶到，张同盟冒险跳入冰冷刺骨的水中，将已沉入水中的周某拉上岸，后又与张志楠、张庆楠一起将张永楠推到岸边，在众人的帮助下将张永楠及落水儿童周某送往医院进行抢救。落水儿童周某经抢救无效死亡，跳入冰窟勇救落水儿童的张永楠也献出了宝贵的生命。

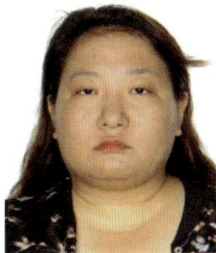

◑ 赵娜

女，1988 年生人，天津市宁河区人，中国石化销售有限公司天津石油分公司员工。

2014 年荣获"全国五一巾帼标兵"、"全国见义勇为模范"荣誉称号，2015 年荣获"天津市见义勇为模范"荣誉称号，2017 年荣获"天津市道德模范"等荣誉称号。

主要事迹

2012 年 7 月 18 日 1 时 45 分许，忙碌了一晚的赵娜正在收银台前核对着晚班的各项记录。突然，一辆捷达车急速转弯停在了营业厅靠近出站口的位置，车头朝向出站通道。车门开启，三个头戴棒球帽、围着大口罩、手持斧头和匕首的男子飞身下车，急速冲进营业室。赵娜临危不乱地按照平时演练，迅速摁下了报警器。

为恐吓威逼赵娜交出现金，一名歹徒大声吼着，在收银台外用斧头不断砍剁着桌面；另一名歹徒则跳进收银台，用斧头砍剁着电脑和电话。此时的赵娜顾不得多想，勇敢地同歹徒周旋，尽可能地记住歹徒的体貌、特征。赵娜的不配合让歹徒变得烦躁起来，一名歹徒直接甩了赵娜一个耳光，将手中的斧头砍向赵娜。一斧接着一斧，赵娜的左臂已经被砍到皮开肉绽，但她仍用右手死死拽住歹徒的衣角不放。

为了尽快脱身，歹徒狠狠地将赵娜推倒在地，抓起一把收银台里的现金便朝屋外逃窜。看到赵娜依旧迅速爬起追赶，另一名穷凶极恶的歹徒便将一把长长的匕首刺进了赵娜的腹部。即便如此，赵娜想的依旧还是要记下他们的车牌，这样才能多为警方提供一些办案线索，于是她再次奋力爬起，又追出数十米。

短短的 1 分 30 秒，好似经历了很长、很长。赵娜终于感到了疲惫，但坚强的她始终有一个意识——要坚持，再坚持！警察很快赶到了，"三个人身材都比较瘦小，20 岁左右。"这是赵娜见到警察时说的第一句话，也是她反反复复用微弱的声音说出的唯一一句话。

经过两次手术，七个小时的抢救，赵娜终于脱离了生命危险。面对穷凶极恶的歹徒，赵娜柔弱身躯下是一颗坚不可摧的心，释放、传递着强大的正能量。

● 赵玉龙

男，1979 年生人，天津市东丽区人。

● 赵玉元

男，1969 年生人，天津市东丽区人。

赵玉龙、赵玉元，2015 年荣获"天津市见义勇为先进个人"荣誉称号。

主要事迹

2012 年 8 月 15 日 23 时许，赵玉龙听见其院内出租房内有打斗声，便来到房内查看，发现一男子正在殴打承租人张金海，赵玉龙叫来其兄长赵玉元一起阻止打人男子未果，赵玉龙随即报警。打人男子见状拔腿就跑，民警赶到后发现张金海已经死亡。赵玉龙二人主动引领民警前往嫌疑人逃跑方向搜索，最终发现嫌疑人，并协助民警将其抓获。

■ 2013 年

◑ 陈洪涛

男，1971 年生人，中共党员，天津市宁河区人，生前系天津市宁河区供电有限公司任凤供电所主任。

2014 年被评为"津城百姓英雄"，2015 年荣获"天津市见义勇为模范"荣誉称号，2018 年被评为"津城见义勇为十大勇士"。

主要事迹

2013 年 10 月 13 日 11 时许，家住宁河区芦台镇的陈洪涛驾车回家，回到小区时，陈洪涛看到一男子正推着一辆电动自行车向小区外面走，而电动车的车筐里还放着一把剪断的车锁。陈洪涛觉得这个男子形迹十分可疑，便大声质问："你干什么呢？这辆车是谁的？"男子立即弃车逃跑。陈洪涛见状冲上前去紧追不放。追上该男子后，陈洪涛与其厮打起来。此时，穷凶极恶的歹徒掏出带有手柄的自制盗车工具，把锋利的尖头刺进了陈洪涛的左胸。

顿时一股鲜血流出，陈洪涛捂住胸口，忍着剧烈的疼痛，带伤继续奋力追赶歹徒。当追至距案发地三十余米处的宁河区芦台二幼门前时，陈洪涛因流血过多体力不支，不得不放弃追赶。随后，他又返回明达公寓的一商家求救报警。很快，陈洪涛被热心群众和民警紧急送往宁河区医院。虽经医生全力抢救，但终因伤势太重，陈洪涛光荣牺牲。案发后，公安宁河分局迅速开展工作，依据线索于当天下午将歹徒毕某抓获。

陈洪涛生前是国家电网任凤供电所主任，获得的各种奖励和荣誉有十余项，更是连续多年获得华北电力生产技能一级专家、公司的创新带头人称号。他平时还参与资助困难学生和镇养老院老人，无偿为邻里服务，参与多项社会志愿服务活动，并曾勇救落水儿童。

◎ 侯鹏

男，1979 年生人，天津市河北区人，天津联众出租汽车公司司机。

2013 年被评为"津城的士英雄"。

主要事迹

2013 年 3 月 26 日 19 时许，侯鹏在驾驶出租车运营过程中，行驶至刘园地铁站附近，沿途发现一出租车疑似套牌车辆，遂放弃运营，与另一名出租车司机联系，与其在刘园地铁站附近会合并报警。待民警赶到后，积极配合工作，主动证明该车系套牌车辆。

◉ 贾鹏

男，1978 年生人，天津市红桥区人。

2014 年被评为"津城百姓英雄"，2015 年荣获"天津市见义勇为模范"荣誉称号，2018 年被评为"津城见义勇为十大勇士"。

◉ 李向洲

男，1957 年生人，天津市北辰区人。

2016 年被评为"中国好人"，2015 年荣获"第四届天津市道德模范"，2015 年荣获"天津市见义勇为先进个人"荣誉称号。

主要事迹

2013 年 7 月 29 日，75 岁的刘大娘不慎落入河北区天泰路与古北道交口的北运河里，第一个发现状况的贾鹏奋不顾身跳入水中。不料这一带水流湍急，堤岸水面以下是梯形，岸边水泥斜坡生长的苔藓十分湿滑，贾鹏一只手圈住大娘的脖子，另一只手则试图抓住堤岸并大声呼救。

先听到贾鹏呼救的刘金起老人，来到岸边，试图用手拉住水里的二人，但自己也被拖入水中。连续不断的呼救声惊动了远处的李向洲，他赶紧骑着自行车装上两个救生圈飞速向事发现场骑来。经过此地的宋叔钧、李家祥也加入到救人的行列中。李向洲到达岸边，迅速将两个救生圈扔向水中的刘金起和刘大娘，并纵身跳入水中，用救生圈将刘金起套住，向岸边游去。"向前游容易，再拉着老刘往回游就太难了，好在靠近岸边时宋叔钧、李家祥他们帮我把刘金起拉上了岸。"李向洲说。

在将刘金起救上来后，李向洲和宋叔钧分别跳下河寻找贾鹏，始终未能找到。搜索贾鹏的工作持续到当日19时许，才将贾鹏的尸体打捞上岸。

● 敬明军

男，1975 年生人，四川省人。

2015 年荣获"天津市见义勇为先进个人"荣誉称号。

主要事迹

2013 年 11 月 18 日 12 时许，窃贼赵某驾车来到双港镇绿水道的宝喜家园伺机作案。宝喜家园是个新小区，众多业主都在进行住宅装修，而装修工人往往会驾驶运货面包车来到小区施工。有可能会有施工队老板粗心将手包忘在车里。赵某之前多次来这个小区踩点并盗窃得手。

正当赵某砸开一辆面包车玻璃盗窃车内财物时，发现赵某形迹可疑的敬明军拨打了 110 报警，并与另一名保安李奇宇前去堵截。当二人找到赵某的车时，他正要倒车离去，敬明军赶紧挡在车前大喊停车，赵某见状猛打方向盘将敬明军撞倒。之后，赵某沿着小区环形路飞速向大门驶去。

李奇宇将敬明军扶起，敬明军连续跨过多个花坛绿化带抢先一步到了小区门口。眼见赵某驾车就要开过来了，敬明军和李奇宇急中生智，让停在门前还没熄火的一辆货车挡住了小区大门，此时几个保安都赶过来围住了大门。赵某见状知道跑不出去，准备倒车回到小区。正在此时，民警也赶到现场，和保安们包围了赵某的汽车，当场将其擒获。经过讯问，赵某对犯罪行为供认不讳，并交代了一个月内在津南区、河东区连续十余次盗窃的犯罪行为。

◉ 李广

男，1986 年生人，安徽省人。

2015 年荣获"天津市见义勇为先进个人"荣誉称号。

主要事迹

2013 年 5 月 22 日上午，李广骑车路过东兴里时，突然有一个七八岁的女孩跑来向他求助："叔叔，快帮我抓小偷！"他注意到前面不远处一名 30 多岁的女子正在追赶一男子，嘴里不停地喊："抓小偷！"李广立刻下车追上前死死抓住该男子。男子挣脱不开，竟然从衣袋里掏出一把十多厘米长的水果刀，威胁李广放手。李广并未退缩，仍然抓着他不放，歹徒狗急跳墙持刀向李广刺来。李广腹部被刺伤，但他仍用手和腿压住歹徒并大声呼喊求助，并与后来赶到的几名群众一起将歹徒制服。李广的脖子、手腕和腹部多处受伤。民警很快赶到，将被控制住的男子带回派出所，并将李广送往医院急救。

◑ 李鹏

男，1974 年生人，山东省人，天津环宇物资贸易公司职工。

2013 年荣获第十届"全国见义勇为英雄司机"荣誉称号，2015 年荣获"天津市见义勇为先进个人"荣誉称号。

主要事迹

2013 年 2 月 8 日 13 时许，李鹏驾驶汽车外出办事。等红灯时，发现在电台道西侧便道上，一名妇女正在与一名手扶自行车的男子争执，并听到妇女大声喊叫："抓坏人啊！抢包了！"男子遂骑车逃跑，李鹏见状连忙驾车搭载该女子共同追赶。该女子向他讲述了歹徒抢包未遂并殴打她的情况。李鹏驾车追赶了几百米，行至天津大学门口时追赶上该男子，李鹏猛将车开上卫津路便道，用车头死死别住男子的自行车，并下车将其抓获。

◐ 聂辛希

男，1985 年生人，福建省人。

◐ 闫慧军

男，1986 年生人，山西省人。

聂辛希、闫慧军，2015 年荣获"天津市见义勇为先进个人"荣誉称号。

主要事迹

2013 年 3 月 18 日 2 时 30 分许，两名歹徒窜至河西区八里台桥旁花园欲实施抢劫，在持刀威胁途经此处的女事主时，回家路过的聂辛希与闫慧军听到救命的呼喊声，遂上前制止并报警。歹徒发现群众报警后将女事主挎包抢走逃逸，最终在逃跑途中被民警当场抓获。

● 温振国

男，1990 年生人，天津市静海区人，生前系天津市西青区东恩电子公司员工。

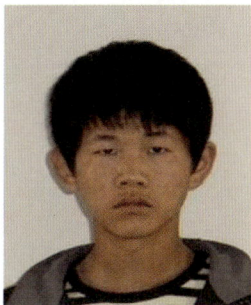

● 孙开阁

男，1994 年生人，河南省人，生前系天津健康产业园保安。

温振国、孙开阁 2014 年被评为"津城百姓英雄"，2015 年荣获"天津市见义勇为模范"荣誉称号，2018 年被评为"津城见义勇为十大勇士"，被评定为烈士。

主要事迹

2013 年 5 月 3 日 8 时 30 分许，温振国在下夜班回家的路上，发现班车上一位女青年情绪低落、轻声哭泣，情绪极不稳定。当汽车驶至静海县静文路与北华路交口停下时，女青年突然拉开车门奔向附近河堤。温振国和另一名工友吴均宇见状，立即追下车想劝慰女青年，没想到女青年却跑下河堤跳入河中。温振国见状来不及多想便纵身跃入水中奋力救人。与此同时，在附近健康产业园工作的两名保安孙开阁、林广也发现了这里的异常情况，急忙奔向河岸，跳下河中救人。

温振国、孙开阁奋力游到女青年身边，不断推着她靠近河岸，吴均宇与林广则奋力拉拽着女青年向岸边游。此时，温振国、孙开阁已经呛了好几口水，推女青年上岸费了他们很大的力气。在吴均宇与林广将女青年拽到岸边时，温振国发现孙开阁已经筋疲力尽，便返回营救孙开阁。这时，闻讯赶来的公安民警、消防战士、产业园保安、过路群众也一起对遇险者展开营救。在众人的努力下，终于从河中将温振国、孙开阁救上岸来，但由于二人体力消耗太大，最终不幸牺牲。

◑ 张国梁

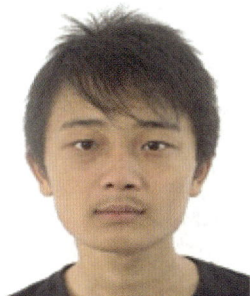

男，1991 年生人，山东省人。

◑ 黄世成

男，1993 年生人，山东省人。

◑ 杨振杰

男，1991 年生人，山东省人。

张国梁群体，2015 年荣获"天津市见义勇为先进群体"荣誉称号。

主要事迹

2013 年 1 月 31 日 1 时许，下瓦房一餐馆厨师张国梁、杨振杰和黄世成三人回家，行走到南昌路菜市场附近时，发现路边一名三十多岁、身高一米八几的男子手持硬物迎面猛击一年轻女子头部。

　　起初，张国梁等人以为是小俩口打架，眼见年轻女子快被击倒在地，张国梁三人急忙上前，试图劝解。就在这时，三人看到男子猛地伸手夺过年轻女子的手机，转身就跑。他们马上反应过来，这是坏人抢劫，"别跑！抓劫匪！"杨振杰边喊，边和同伴一起紧追不放。追兵和喊声让抢劫男子心惊胆战，他沿着南昌路向绍兴道方向拼命奔逃。追出100多米后，张国梁三人渐渐逼近歹徒，他们默契配合，分别从左、中、右三个方向同时发力，箭步冲上，将抢劫男子合力扑倒在地。抢劫男子数次拼命挣扎试图挣脱束缚，但都被张国梁三人死死摁住，丝毫动弹不得。见劫匪被制服，张国梁三人立即拨打电话报警，接到报警的民警很快到达现场并将抢劫男子抓获。

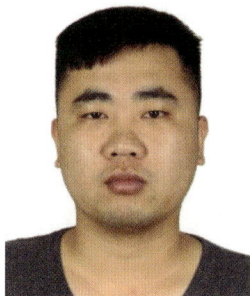

◑ **张健**

男，1988 年生人，天津市西青区人。

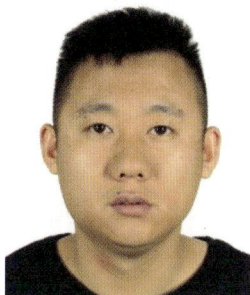

◑ **孙学明**

男，1990 年生人，天津市西青区人。

◑ **刘霁庆**

男，1992 年生人，天津市西青区人。

张健群体，2014 年被评为第十一届"津城百姓英雄群体"，2015 年荣获"天津市见义勇为先进群体"荣誉称号。

主要事迹

2013 年 10 月 13 日 22 时许，张健、孙学明、刘霁庆三人刚刚吃过饭走在街上，看到一名男子突然从一辆货车上下来，拔腿就跑，而附近一辆警车上也有一名民警下车，并大喊："别跑！"三人意识到逃跑的男子很可能是一名犯罪嫌疑人，于是毫不犹豫地一同朝着男子逃跑的方向追去。

男子跑向一个在建工地，三人见状继续奋力追赶。男子突然跳入一条沟中，三人紧随其后跳下沟。就在男子跑了一段距离正准备爬上去的时候，三人一拥而上将男子摁倒制服。该男子马上央求他们："兄弟，能放我一条生路行吗？我给你们钱！给你们好处！"张健、孙学明、刘霁庆没有丝毫犹豫，一口回绝。民警随即也赶到现场，将该男子带走。

当时情况紧急，事后三人表示："不害怕，对我们来说这就是举手之劳；没动摇，我们的良心告诉我们必须这样做。"

◑ 折小银

男，1982 年生人，天津市滨海新区人。

2015 年荣获"天津市见义勇为先进个人"荣誉称号。

主要事迹

2013 年 6 月 30 日凌晨 2 时许，居住在塘沽前进里的折小银因为年幼的孩子哭闹并未熟睡。突然，他听到窗外传来"着火了"的呼救声。起床一看，隔壁居民楼已经浓烟滚滚，楼内居民纷纷跑出楼道，并用水盆打水扑火。折小银立即拨打了 119，随后便下楼前去救火。刚跑到起火楼栋，折小银便发现楼道内有一位老太太正往外爬，身上已经着了火。尽管救火的人不断往火场泼水，但却没有人敢上前帮助老太太。没有多想，折小银立刻跑过去，托住老人的腋下，使劲往外拖。由于穿着拖鞋，脚下一打滑，折小银立即感觉到右脚一阵剧痛，但他并没有停留，直到将老人拖到安全地方。与此同时，旁边的居民立刻将水浇到老人身上，将她身上的火浇灭。

直到回到家里，折小银才发现自己的左脚烫出了不少水泡，而右脚脚面的皮肤都已经烫掉了。经医院诊断，折小银为二级烧伤。

❶ 高振宇

男，1991 年生人，黑龙江省人。

2015 年荣获"天津市见义勇为先进个人"荣誉称号。

主要事迹

2013 年 5 月 2 日 22 时许，刚刚从哈尔滨来天津市谋生的小伙高振宇送朋友回家，路过塘沽世纪广场北侧时，发现一男子从身后将一女子扑倒，女子不停地挣扎。起初，高振宇以为是小两口打架，直到他看到男子将女子脖子上的金项链扯下，并迅速向自己的方向跑来才意识到情况不对，当过兵的高振宇立刻追上去。在追赶的过程中，他并未发现身后还有一名劫匪的同伙跟随着，突然他感觉到身后左大腿根好像被人拍了一下，但他没有理会继续往前追。直到整条腿都觉得热乎乎地，用手一摸才看到全是血，原来左腿被劫匪捅了一刀。高振宇立刻报警，随后体力不支倒地，旁边米线店的老板见状立刻将高振宇的腰带抽出，绑在他的大腿上为他止血。赶到的民警立刻将高振宇送到第五中心医院救治。

经医院诊断，高振宇左腿肌腱断了 2 根，第一条穿动脉完全断裂。

2014 年

◑ 艾玉宝

男，1979 年生人，天津市武清区人。

2015 年荣获"天津市见义勇为模范"荣誉称号。

主要事迹

2014 年 7 月 2 日，天津市营顺盈装饰工程有限公司承包武清区建委市政工程所龙凤河大桥东桥的维护工程，派遣临时工艾玉宝、徐俊忠、康佃国、康佃成等人进行施工作业。其间，康佃成负责在岸上切割材料，艾玉宝、康佃国、徐俊忠三人负责桥墩施工。13 时 50 分许，三人划小船到龙凤河东桥南第二个桥墩北侧水泥台位置，徐俊忠在攀爬水泥台时不慎落水，艾玉宝见状立即跳入河中对其进行救援。施救过程中，二人不幸溺水，沉入河中。

◉ 刘世华

男，1968 年生人，河北省人。

◉ 蔡世平

男，1981 年生人，陕西省人。

刘世华群体，2015 年荣获"天津市见义勇为先进群体"荣誉称号。

主要事迹

2014 年 11 月 29 日 5 时许，西青区大寺镇一带雾气厚重，能见度只有几米，蔡世平、刘世华在龙津园小区附近等车。突然，二人听见"砰"的一声响，感觉旁边出了车祸。他们在浓雾中几经寻找，终于在卫津河边看到一辆面包车掉进河中，蔡世平急忙用手机拨打 110 报警。刘世华跑到小区门前，找到修车点放的一条大绳，拿起绳子迅速冲到河边与蔡世平一起救人，及时把三名落水人员拉上岸。

◑ 陈嘉捷

男，1963 年生人，天津市红桥区人。

2015 荣获"天津市见义勇为先进个人"荣誉称号。

主要事迹

2014 年 12 月 6 日 12 时许，陈嘉捷在红桥区邵公庄横街偶然发现一名男子与警方发布的故意伤害逃犯通缉令上的男子十分相似，于是立即拨打 110 报警并当场指认，配合民警将犯罪嫌疑人李某某抓获。

◐ 赵治

男，1977年生人，中共党员，天津市南开区人，天津中医一附院医生。

◐ 回亚男

女，1982年生人，天津市南开区人，天津中医一附院医生。

◐ 陈迎

女，1974年生人，中共党员，天津市和平区人，天津中医一附院护士长。

赵治群体，2015年荣获"天津市见义勇为先进群体"荣誉称号。

主要事迹

2014年9月30日10时许，患者李卫东到中医一附院看病。歹徒王某某尾随李卫东至A座二楼与三楼之间，趁其不备将其挎包抢走（梦特娇牌挎包一个，内有梦特娇牌钱包一个，钱包内有现金1750元，白色iPhone4s手机一部，黑色iPhone5s手机一部）。此时，从此路过的护士陈迎发现有人抢包，随即帮助李卫东一起追赶王某某，中医一附院功能检查科大夫回亚男、赵治听见陈迎："抓住他，别让他跑了，他抢包了"的喊声，立即从科室里跑了出来一同去追王某某。追至 B 座二楼时，王某某逃跑到风湿科内，回亚男、赵治追至风湿科，回亚男先上前将王某某手中的包抢回，赵治将王某某的脖子搂住将其制服，随后陈迎和李卫东也赶到，将王某某控制在风湿科内，民警接 110 报警后迅速赶到，将王某某带回派出所中审查。

◉ 郭华嘉

男，1958 年生人，中共党员，天津市河东区人，天津市河东区司法局东新司法所所长、党支部书记。

◉ 武培斌

男，1960 年生人，中共党员，天津市河东区人，天津市河东区东新街道办事处工作人员。

郭华嘉群体，2015 年荣获"天津市见义勇为先进群体"荣誉称号。

主要事迹

2014 年 10 月 28 日 11 时许，天津市解除强制戒毒人员张某某到东新街道办事处，对救助金事提出不合理要求，不听街道干部解释和劝导，先是谩骂，继而跑向东新街道办事处对面的公交车加油站，从正在给公交车加油的工作人员手中抢下加油枪，往自己身上喷洒柴油。此时，站内有多辆公交车停靠，还有三个储油罐，一旦起火，后果不堪设想。闻讯赶来的郭华嘉一边喝止张某某，一边疾跑过去，不顾个人安危死死地抓住张某某的手臂，紧紧拖住他并强制带离加油区，随后在武培斌等人的配合下将其控制并交由公安部门处理，及时避免了一起危害公共安全的恶性事件发生。

◑ 韩俊祥

男，1970 年生人，河北省人，天津宇昊建筑有限公司施工队工人。

◑ 黄学军

男，1966 年生人，河北省人，天津宇昊建筑有限公司施工队工人。

韩俊祥、黄学军，2015 年荣获"天津市见义勇为先进个人"荣誉称号。

主要事迹

2014 年 11 月 27 日 4 时许，韩俊祥起床去厕所时发现有可疑人员进入工地，便立即叫起黄学军一起查看，发现嫌疑人进入宿舍实施盗窃。二人分头进行堵截，双方展开了搏斗，韩、黄二人不顾盗贼的言语威胁和暴力挣脱，二人在受伤的情况下将其控制并报警。

◑ 回宝利

男，1963 年生人，天津市南开区人，天津市天通出租汽车公司出租车司机。

2015 年荣获"天津市见义勇为先进个人"荣誉称号。

主要事迹

2014 年 4 月 7 日下午，市民李女士到密云路辅路的天宇大药房买药，将电动车停在药房外，不一会儿，就听到车报警的声音，从药房出来后看到一名男子把她的电动车骑走了。

偷车贼从密云路的楼群中向黄河道逃跑，李女士边喊边追。这时，恰好回宝利开车从此经过，李女士立即招手，示意他停车。他一刻也没犹豫，立即驾车从密云路辅路右转，准备在黄河道上拦截偷车贼。

他们驾车右拐至黄河道时，偷车贼并没有发觉，正准备从黄河道右拐至南泥湾路。回师傅瞅准时机，一下子将偷车贼蹭倒，男子起身赶紧逃跑。回宝利见状立即停车，下车追了上去，到近前后一个鱼跃将贼扑倒在地，并紧紧揪住。

回宝利在扑倒偷车男子时，胳膊和膝盖均有擦伤。窃贼当即求饶，但回宝利没有放松警惕。不到 3 分钟，接到报警的公安南开分局向阳路派出所民警赶到现场，将窃贼带回派出所。

◐ 刘新军

男，1979 年生人，河南省人。

◐ 贾晓玉

男，1989 年生人，河南省人。

◐ 杨明

男，1988 年生人，河南省人。

刘新军群体，2014 年荣获"全国见义勇为模范群体"荣誉称号；2015 年荣获"天津市见义勇为模范群体"荣誉称号，同年被评为"津城百姓英雄群体"；2016 年荣获"全国见义勇为模范群体"荣誉称号。

主要事迹

2014 年 6 月 17 日 11 时许，家住河北区律纬路律笛里 4 楼的一位 80 多岁的老人意外坠楼，悬挂在自家空调室外机的架子上。在该小区进行旧楼改造施工的刘新军、贾晓玉、杨明发现此情况后，连忙爬上 3 楼窗台，在没有任何安全防护措施的情况下，用手托举住老人，防止老人坠下。身材矮小的刘新军，踮起脚尖，挺直身体，一手抓着窗框，一手使尽全力与两名同伴将老人稳稳地托住。杨明站在窗台上发现窗台较窄无法借力，又迅速回到地面取来绳子，跑上4楼，从窗口放下绳子，配合刘新军、贾晓玉进行救援。三人努力地坚持着，终于与接警赶来的公安民警和消防战士一起将老人救下。

刘新军、贾晓玉、杨明的见义勇为行为受到社会各界的广泛赞扬，被称为"托举三兄弟"。

● 彭薪旭

男，1992 年生人，天津市西青区人，生前系公安西青分局巡警三大队巡防队员。

2014 年荣获"感动西青模范人物"，2015 年荣获"天津市见义勇为模范"荣誉称号，被评定为烈士。

主要事迹

2014 年 2 月 28 日晚上，因辖区内屡次发生电动车被盗案件，按照大队的统一安排，彭薪旭配合值班民警在中北镇永旺购物中心附近执行蹲堵巡逻任务。他们发现有两名窃贼撬盗电动自行车得手后，驾车逃离现场。彭薪旭在民警的带领下，迅速对二人进行跟踪。两名窃贼发现有人跟踪，丢掉刚偷的电动车分头逃窜。民警带人追向一名身高体壮的男子，彭薪旭则独自追向另一名身材瘦小的窃贼。见有人紧紧追赶，这名窃贼匆匆跨过隔离带向外环河逃跑。彭薪旭继续追赶至河边将小个子窃贼扑倒，两人扭打撕扯在一起。因为河道坡陡且非常湿滑，搏斗中，两人一起滚入河中。窃贼企图过河逃跑。不擅水性的彭薪旭继续与其搏斗，后因体力不支沉入水中。随后赶到的增援民警和巡防队员在外环河对岸将刚爬上岸的窃贼抓获。

同事们发现追赶窃贼的彭薪旭并没有一起上来，民警立即组织打捞。但因溺水时间过长，彭薪旭壮烈牺牲。事发当天，是他过完 22 岁生日的第三天。

● 邱洋

男，1984年生人，天津市南开区人，融创置地（天津）商业运营管理有限公司员工。

2015年荣获"天津市见义勇为先进个人"荣誉称号，同年被评为"津城百姓英雄"。2018年被评为"津城见义勇为十大勇士"。

主要事迹

2014年3月18日1时左右，时代奥城保安员张会成在夜间巡逻时发现，奥城中央大街上有一名男子形迹非常可疑，在街区内走来走去，还不时"查看"着沿路商家的门锁，遂即用对讲系统呼叫同伴支援。正在附近巡逻的保安邱洋、刘振勇、王亭、江文义火速向事发地点靠拢。大家赶到时，这名男子已经将一家文具店的门锁用断线钳剪断，准备实施盗窃，看到保安后瞬间伪装成路人企图逃离现场。

保安员当即把这名男子拦下，这名男子先是"装傻"，然后拔腿就跑。除了一人报警外，其余四名保安一起追窃贼并将其摁住。窃贼仍拼命挣扎，并掏出一把短刃匕首威胁保安员们，搏斗中这把匕首被王亭一脚踢飞。平时勤于锻炼、身材又比较魁梧的邱洋利用身形上的优势，把窃贼挤到了附近消防安全通道的一个角落。这时，窃贼又掏出一把长刃匕首。邱洋毫不畏惧，上前牢牢控制住窃贼的双手。过了一会儿，邱洋觉得自己好像有点儿岔气儿，就让同事代替自己控制歹徒。这时，同伴发现邱洋的衣服破了，腹部也被斜插进去的匕首捅伤，专心擒贼的邱洋竟然毫无知觉！很快民警赶到现场将窃贼带走调查，邱洋也被送往医院治疗。检查结果让人后怕不已：邱洋膀胱被刺破，腹腔内出血已达400毫升，手术刀口缝合了30多针。

在邱洋负伤之后，时代奥城的广大商户都把这几名"热血保安"当成英雄，好多人主动去医院探望，大家都说："有了他们，我们每天在这里开店，觉得心里特别有底。"

◉ 唐广根

男，1983 年生人，天津市滨海新区人。

2014 年被评为"全国见义勇为英雄司机"，2015 年荣获"天津市见义勇为先进个人"荣誉称号。

主要事迹

2014 年 4 月 25 日 23 时许，唐广根和妻子驾车回家，行至汉沽某小区附近时，突然看到一名男子正在路边撬电动自行车车锁。由于时值深夜，路上并无其他行人，他让妻子留在车上报警，自己一人悄悄向男子靠近。"干什么呢？"听到唐广根的呵斥，窃贼拔腿就跑，唐广根追上前去，从窃贼背后飞起一脚，将其踢倒，并顺势将其摁倒在地，然后将男子右手反背于其身后。

被摁在地上的窃贼眼见难以脱身，一边扭动身子挣扎，一边向唐广根求饶，并表示可以将身上的钱全部给他。唐广根并不答话，而是加大力气摁住对方。

"你放开我，再不放，我捅了你！"看到利诱不成，窃贼立即放狠话，并将未被控制的左手伸向装有改锥等工具的挎包。手疾眼快的唐广根飞出一脚，将挎包踢远。眼见已穷途末路，窃贼用尽全身力气企图逃脱，看到窃贼已经挣扎着从地上爬起，唐广根纵身将其重新压回地面，但这却使他完全暴露在了窃贼的攻击之下。窃贼对他又抓又挠，他忍住疼痛，始终将窃贼死死摁在地上，直至警方赶到现场。

民警赶到时，唐广根的面部、手部等处已经被窃贼抓破，上衣袖口等处已被鲜血染红，巨大的体力消耗使他全身虚脱，在现场缓了五六分钟才勉强站起来。

❶ 王豆豆

男，1992 年生人，安徽省人，时为天津海运职业技术学院学生。

2015 年荣获"天津市见义勇为先进个人"荣誉称号。

主要事迹

2014 年 9 月 13 日 21 时许，王豆豆和同学行至月牙河公园附近时，听到有呼救声急忙跑过去查看，发现一男一女正在水里挣扎，情况十分危险。王豆豆奋不顾身跳入水中，奋力将二人救上岸。

◐ 王耕籍

男，1989 年生人，天津市南开区人，时为天津大学学生。

2014 年被评为"全国见义勇为英雄司机"，2015 年荣获"天津市见义勇为先进个人"荣誉称号。

主要事迹

2014 年 6 月 14 日凌晨，一位外校女生在经过天津大学敬业湖南岸时不慎滑倒跌入湖中，不通水性的她拼命挣扎却离岸越来越远，情况十分危急。天津大学建筑学院 2010 级本科生邓鹤此时刚刚从画图教室出来，最先发现了落水的女生，但不会游泳的他一时间也无法施救，于是赶紧到路边呼救寻求帮助。

此时，王耕籍刚刚在附近教学楼做完实验，开车回家。邓鹤将他拦住，大喊："有人落水了！"王耕籍停车后连车钥匙也没顾上拔，立刻下车和邓鹤一起赶往女生落水处。此时，女生在水中已经离岸边有四五米远，头部在水面上下起伏，不停呛水，王耕籍把手机往地上一扔就直接下水去救人。

因为自己是游泳队队员，王耕籍知道时间对于救助溺水者是最宝贵的，他游到女生身后，搂住她拼命往岸边游，在邓鹤和另外两名同学的帮助下合力将落水女生救上了岸。从下水救人到成功上岸，王耕籍仅用了 1 分钟左右的时间。女生被救上岸时，已经陷入昏迷状态，身体抽搐，王耕籍配合随后赶来的学校保安及 120 急救人员，将她送到医院进一步抢救。

● 王晖

男，1974 年生人，天津市河东区人，天津市纺织机械厂保安。

2015 年荣获"天津市见义勇为先进个人"荣誉称号。

主要事迹

2014 年 5 月 21 日 11 时许，王晖巡查到厂区后围墙的偏僻处，突然发现一女子从办公房内跑出，后面尾随一个身材较胖的男子，妇女边喊边拼命跑。王晖没听清她喊什么，只看见后面的男子手中攥着一把弯刀，跑到十几米外的拐角处，男子追上女子后将其扑倒在地，并抄起刀往女子身上捅。

此时，王晖赶到，他大喝一声："住手！"接着一个箭步上前抓住了持刀男子的手腕，另一只手死死拽住其胳膊。此时，持刀男子被一身正气的王晖吓住，手中的刀掉落到地上。王晖顺势用脚将刀踢到停在旁边的一辆汽车下方。随后，运用所学的擒拿术，迅速将其制服，马上给同事打电话并报警，民警和急救中心人员很快赶到。

◑ 邓羽菲

女，1992 年生人，山西省人，时为天津师范大学音乐与影视学院学生。

◑ 王俊方

男，1992 年生人，山东省人，时为天津师范大学音乐与影视学院学生。

◑ 齐兵

男，1963 年生人，天津市和平区人，中原百货集团股份有限公司员工。

邓羽菲群体，2015 年荣获"天津市见义勇为先进群体"荣誉称号。

主要事迹

2014 年 10 月 28 日 17 时 40 分许，天津师范大学音乐与影视学院大四学生邓羽菲、王俊方在等地铁时听到一位女子大喊："抢钱包啊，抓贼啊！"听到求救声后，邓、王二人和途经此处的齐兵随即向窃贼冲去，几人一路追赶，窃贼不得不跑进一个住宅小区内。追到门口的他们没有贸然跟进去，而是向附近的大爷打听周边情况，获知是死胡同以后就在门口蹲守。随后，邓羽菲陪着事主宋女士赶到小区门口，一边安慰她，一边及时报警。几人一直守在小区门口，没多久，一个体型与窃贼相似的男子从院子里走出来，虽然身上穿的衣服与窃贼不同，但警觉的邓羽菲等人通过询问观察果断判断出他就是地铁站里的窃贼，遂与其谈话拖延时间至警察赶到现场。警察将窃贼带至派出所进行盘问，窃贼承认了自己的犯罪事实，并交代了藏匿赃物的地点。

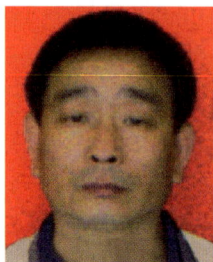

◑ 萧家荣

男，1965 年生人，天津市津南区人。

2015 年荣获"天津市见义勇为先进个人"荣誉称号。

主要事迹

2014 年 6 月 20 日 18 时许，萧家荣驾驶摩托车途经津南区后辛庄村车站时发现一名男子从车站往东跑，边跑边往路边的草丛扔东西，随后上了一辆出租车。这时有四名女孩追赶而来，萧家荣询问得知该男子偷了其中一名女孩的钱包，立即驾驶摩托车进行追赶。追至某商业街时，该男子从出租车上下来，朝菜市场方向逃跑。萧家荣边跑边喊抓小偷，在周围群众的协助下，成功将窃贼抓获。

● 于东昌

男，1973 年生人，天津市宁河区人。

2015 年荣获"天津市见义勇为先进个人"荣誉称号。

主要事迹

2014 年 12 月 29 日 20 时许，当时身体不适的于东昌正在芦台镇银河花园社区卫生服务站输液，一名男子穿着大防寒服戴着口罩，裹得严严实实地闯进卫生服务站。他从衣袖中取出一把长约 20 厘米的刀，向卫生站医生胸部和腹部连捅两刀。在医生本能地奔跑躲避过程中，凶手又向他背部连扎数刀，致使医生摔倒在地，失去反抗能力，情形极度危险。

在这危急时刻，于东昌迅速拔掉输液针，朝行凶男子扑去，从后面将其抱住，使劲儿往后拖拽，并抢夺该男子手中的凶器，阻止了他的行凶行为。

于东昌与行凶男子搏斗时，行凶男子持刀不断向后乱刺，导致于东昌头部受伤，行凶男子随后逃窜，后被公安宁河分局抓获。舍命救人的于东昌在搏斗中身中三刀，颅骨骨折，被送到宁河县医院接受治疗。

◑ 张海源

男，1982 年生人，天津市河北区人，天津百胜物业责任管理有限公司员工。

2015 年被评为"津城百姓英雄"，同年荣获"天津市见义勇为先进个人"荣誉称号。

主要事迹

2014 年 5 月 15 日 21 时 50 分许，陈女士回家走进电梯后被一男子突然从身后掐住脖子，并威胁说："不许出声，敢动我就掐死你！"这一突如其来的状况将陈女士吓蒙了，她试图用手去抓对方的脸，对方又恶狠狠地说："把手机和钱包给我，再动我就拿刀捅死你！"陈女士只好将手机和钱包扔在地上。这时，电梯运行到 15 层门开后，陈女士趁该男子分神捡东西时，转身就往外跑并边跑边喊"抓小偷"。

此时，张海源正在 11 楼串门，听到呼救声后，他和一名同伴顺着楼梯往下跑，边跑边找。可一直跑到一楼也没看到歹徒的踪影，询问传达室的值班人员也未见有人从楼里出去。正纳闷的时候，张海源听到地下室有动静，经询问得知有人去了地下室。张海源和同伴马上往地下室跑去。由于地下室一片漆黑，张海源只好拿出手机照明，发现一名戴眼镜的男子，于是大喝一声："你干吗呢？"对方听后一言不发就要逃跑。虽然有手机光亮，但根本不足以判断对方是否有凶器，但张海源没有丝毫犹豫，而是立即冲上前一把将其揿住，使出浑身力气死死将其控制住。随后赶到现场的民警将歹徒带走。

◎ 张建

男，1981 年生人，天津市河西区人，天津滨海快速发展有限公司司机。

2015 年荣获"天津市见义勇为先进个人"荣誉称号。

主要事迹

2014 年 5 月 24 日 15 时许，津南区双港镇一超市内某金店被一名男子持枪抢劫。张建发现劫匪踪迹后，不顾危险骑自行车紧追不舍，在面对劫匪持枪威胁时毫不畏惧，仍继续追赶。张建随后向公安机关提供了劫匪的体貌特征和作案车辆牌照，为案件侦破提供了重大线索。

◑ 张永庆

男，1972 年生人，中共党员，天津市静海区人，天津市静海区台头镇政府工作人员。

2015 年荣获"天津市见义勇为先进个人"荣誉称号，同年被评为"津城百姓英雄"。

主要事迹

2014 年夏，张永庆在经过池塘附近时，听到池塘边有孩子正在大声呼救。他过去一看，发现有两个孩子正在水中不停挣扎。靠近岸边较浅的水中有个小平台，人可以站在上面，而这两个孩子就在距离平台较近处。于是，他下水后站在了平台上，使出全身力气先后将二人拉了上来。

此时，张永庆本想上岸，可没想到刚被救上岸的孩子告诉他水里还有个伙伴。他仔细一看，发现距离这个平台较远处还有一个孩子，头部已淹没在了水下，只有手指还露出一点儿在水面上。他立刻跳下水，快速游到孩子身后，将孩子向上推，让其头部露出水面，又马上推着孩子向平台游去。经过努力，他将这个孩子也救了上岸。上岸后，这三个孩子均无大碍。

◗ 张兆成

男，1963 年生人，天津市津南区人。

2015 年荣获"天津市见义勇为模范"荣誉称号。

主要事迹

2014 年 6 月 28 日 21 时许，津南区一小区住户朱某某醉酒后持刀来到保安室门口，与值班人员徐跃华发生口角，并将其捅伤。为防止朱某某再次行凶，赶来的张兆成用凳子击打其背部，并上前将其抱住。朱某某持刀向张兆成胸部捅去，致张兆成心脏被刺破，经抢救无效身亡。

◑ 周忠浩

男，1996年生人，中共党员，天津市滨海新区人，现役军人。

2015年被评为"津城百姓英雄"，同年荣获"天津市见义勇为先进个人"荣誉称号。

主要事迹

2014年4月13日，大港中塘镇一小区某楼4层发生爆燃。17岁的周忠浩当时正好在同学家吃饭，听到巨大响声后立即向楼下跑，但听到有人在楼上呼救。周忠浩欲返回救人，周围人劝他："都报警了，一会儿消防员就来了！"但他不顾劝阻飞奔上楼，看到一名男子全身被烧伤，他连忙架着男子顶着浓烟下了楼。这时，属地民警也赶到现场，楼上又有女声呼救，周忠浩再次冲上楼。民警追着小周冲了上去。在起火的4楼，浓烟已经封闭了楼梯，冲击力将4楼住户的防盗门冲开。民警拽住周忠浩，又找来湿布递给他，同时问他："你还行吗？"小周用湿布捂着嘴点点头说："没问题，咱们上吧！"

三人顶着浓烟冲上5楼，终于找到了在浓烟中不断咳嗽的郑大娘老两口。爆燃中郑大娘被震倒了，爬起来之后就发现浓烟不断涌入房屋，郑大娘抱着瘫痪在床的老伴说："咱俩怕是活不成了！"郑大娘只能呼喊："救人啊！"周忠浩冒着浓烟，进屋后抱起郑大娘，两名民警用被单兜起郑大娘的老伴，几个人在滚滚浓烟中下了楼。周忠浩身上多处被划伤，但他仍紧紧抱着郑大娘，生怕老人受伤。做了简单的包扎后周忠浩就想离开，民警拽住了他，几经询问才问出了他的姓名和电话。

● 张凯营

男，1972 年生人，滨海新区政府办公室工作人员。

● 宋长勇

男，1971 年生人，个体劳动者。

● 赵仲海

男，1971 年生人，天津市滨海新区人。

● 郭永葆

男，1971 年生人，天津远洋运输公司职工。

◑ 王晓亮

男，1971 年生人，天津远洋运输公司职工。

张凯营群体，2015 年荣获"天津市见义勇为先进群体"荣誉称号。

主要事迹

2014 年 2 月 25 日 20 时许，张凯营、宋长勇、赵仲海、郭永葆、王晓亮驾车行驶至中心北路一饭店时，发现一男子将路边的一辆汽车玻璃砸碎，探进车窗盗窃一挎包后逃走。张凯营等人立即下车往男子身边包抄，宋长勇将男子绊倒后按住其腿部，张凯营按住脖子，其他几人压住男子身体并迅速拨打电话报警。

2015 年

◐ 国二宝

男，1985 年生人，河北省人。

2015 年荣获"天津市见义勇为模范"荣誉称号，被评定为烈士。

主要事迹

2015 年 1 月 23 日 9 时许，在滨海新区汉沽建华管桩有限公司上班的国二宝骑车外出办事。在途经大田镇"双兴"垂钓园时，他突然听到鱼塘方向传来呼救声，立即翻身下车，看到在十几米远的冰窟中，一名落水者两条胳膊架着冰面，下半身浸泡在冰面下，随时都有掉下去的危险。落水者是垂钓园看护人李建军，他在查看鱼塘时不慎踩破冰层落入水中。见到有人跑过来，李建军连声招呼国二宝找个东西把自己拉上来。由于落水地点离岸边较远，国二宝找到一把铁锹后小心翼翼走上了冰面，刚走两步，脚下冰面就"咔吧"一响出现了小裂痕。虽然知道自己不会游泳，可看到在冰水中被冻得瑟瑟发抖的李建军随时都会有生命危险，国二宝还是没有片刻犹豫，双膝一弯、上身一低就趴在了冰面上，匍匐着向落水者的方向爬过去，一米、两米……大约十余米后，眼见手中的铁锹即将送到落水者的手中，薄薄的冰面却突然坍塌，不会游泳的国二宝一下子沉入了冰冷刺骨的水中，在水面上扑腾了几下就悄无声息了。

卡在冰窟中的李建军继续大声呼救。在附近放羊的吴成宽闻讯迅速报警。后在赶来民警的帮助下，李建军获救。听到李建军说水中还有一名施救者，民警急忙再次破冰搜救。但因溺水时间过长，国二宝英勇献身。

◉ 何含云

男，1967 年生人，河南省人。

◉ 张立国

男 ,1970 年生人，山东省人。

何含云、张立国，2020 年荣获"天津市见义勇为先进个人"荣誉称号。

主要事迹

2015 年 4 月 2 日 11 时许，何含云驾驶农用车沿海河大堤行驶，准备回到位于东丽区新立街稻地村的居住地。当时，正下着雨，就在何含云马上要开到家时，他发现行驶在他前面的一辆轿车突然滑入海河。何含云立即下车跑到河边查看，发现掉入海河的轿车已经在水流的带动下向远离河岸的方向漂离了十多米的距离，汽车四轮朝天缓慢下沉。何含云见情况危急，便不顾自身安危跳入海河中，游向落水车辆。何含云透过车窗看到车内有人，就奋力拉车门试图将车内人员救出，但是由于强大水压，车门无法打开。

事发地海河水深达十米多，何含云逐渐体力不支，他尽力游回岸边，从农用车上取下锤子，并将住在附近的邻居张立国喊来帮忙救人。邻居张立国赶来，带来了撬棍。二人不顾个人安危，跳入冰冷的海河中继续救人。

　　何含云和张立国分别用锤子和撬棍砸汽车的前后挡风玻璃，由于水压大，未能将玻璃砸开。何含云和张立国又一起游到驾驶员一侧，一边用撬棍别住车把手，一边用锤子砸玻璃，终于砸开了侧面玻璃，然后将落水司机从车里拽出来。张立国用肩扛着落水司机，何含云在后面推着，将落水女司机常某梅送到岸边。为了减少落水司机的财产损失，何含云和张立国顾不得休息，立即拿了绳子再次跳入海河中，合力将落水轿车用绳子固定在河里，防止轿车被水流冲走。

◎ 黄鹏飞

男，1982 年生人，天津市河东区人，天津华润万家生活超市有限公司百货主管。

2020 年荣获"天津市见义勇为模范"荣誉称号。

主要事迹

2015 年 11 月 20 日 19 时许，两名窃贼从沈阳流窜来津，事先随身携带折叠刀预谋盗窃。他们驾车窜至河西区平山道"东北一家人菜馆"附近，一名窃贼在车内等候，另外一名窃贼进入该菜馆，趁顾客吕某不备，将其挂在椅背大衣内的钱包盗走（内有人民币 600 元）。在逃离现场过程中被事主吕某发现，正在此处用餐的黄鹏飞见此情况，与吕某一同追出饭馆，在追赶过程中，一名窃贼掏出刀子对黄鹏飞二人进行威胁，但二人毫不畏惧，继续追赶。追至气象台路与平山道交口附近，黄鹏飞在抓住一名窃贼的瞬间，被他捅伤胸部和胳膊。黄鹏飞忍住伤痛与吕某继续追赶，歹徒见无法脱身，仍然负隅顽抗，又捅了吕某胸部一刀（黄鹏飞二人伤情经鉴定均为重伤二级）。公安机关接报警赶到现场后，将受伤的黄鹏飞、吕某二人送往医院救治。最终，民警在沈阳将两名歹徒抓获归案。

◑ 任宝

男，1987 年生人，天津市西青区人。

◑ 李维龙

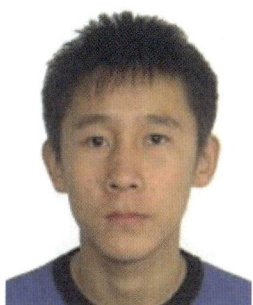

男，1993 年生人，天津市西青区人。

◑ 郝伟利

男，2000 年生人，天津市西青区人。

任宝 2015 年荣获第十二届"全国十大见义勇为英雄司机"荣誉称号，任宝群体 2020 年荣获"天津市见义勇为先进群体"荣誉称号。

主要事迹

2015年4月25日晚，任宝外出办事后驾车搭载两名同村村民李维龙、郝伟利回家，途中发现对面行驶过来两辆面包车，车内的三名男子都佩戴着黑色口罩，举止十分反常，且其中一辆面包车车牌与本村村民张某的车牌照号码一样，但是开车司机并不是张某本人，随即怀疑是有人盗窃了张某的汽车准备逃窜。任宝果断地调转车头追了上去。面包车上的人员发现有车追来，立即加速行驶。这一举动使任宝的怀疑得到了印证。当车辆行驶到一开阔地时，任宝加速，驾车超过行驶在后面的面包车，将该车截停在路边，而行驶在前面的疑似被盗车辆借机逃窜。

任宝三人跳下车，询问车上的两名男子，二人神色慌张，回答闪烁其词。这时，任宝在车后座下发现三把改锥、一根镐把和口罩等物品，两名男子眼看形迹败露，抄起镐把对任宝等人进行围攻，企图逃跑。经过搏斗，任宝等人将两名男子控制住，任宝叮嘱同伴看好窃贼，自己驾车继续追赶逃跑的面包车。不料此时，逃跑的面包车掉头返回急速撞上任宝的车辆，车被撞至路边，任宝身上多处受伤。男子又突然提速，向在不远处控制另外两名男子的李维龙、郝伟利方向开去，情势非常危急，李维龙、郝伟利二人顾不上自己的生命安全，拼命控制住两名男子，此时一名被控制的男子趁机挣脱，跳上了嫌疑车辆逃离，任宝三人将另外一名男子死死摁住，并扭送至公安机关。

◑ 石巨豹

男，1972 年生人，中共党员，天津市宝坻区人。
2020 年荣获"天津市见义勇为先进个人"荣誉
称号。

主要事迹

2015 年 9 月 22 日 23 时许，宝坻区牛家牌镇孙家庄村李某某家发生火灾。李某某股骨头坏死常年瘫痪在床，此时此刻被困屋内连声呼救。火势越来越大，屋内煤气罐的塑料连接管已被引燃，随时有发生爆炸的危险，情况十分紧急。面对大火，村民们一边泼水，一边呼救，谁也不敢上前。就在此时，闻讯赶到的石巨豹不顾个人安危冲进院里，本想从屋门进入救人，但是火势凶猛，浓烟滚滚看不清屋内情况。李某某一点一点地往窗户的方向挪，呼救声却越来越小。火势越来越大，面对房屋随时坍塌，煤气罐随时爆炸的危险，石巨豹毫不退缩，用地上的一根木棍将窗户敲开，将上半身钻进屋内，把瘫痪在床的李某某抱出来，安全脱险。石巨豹在救助过程中胳膊和腹部被玻璃划伤，鲜血直流。在消防、民警和群众的努力下，大火终被扑灭。

◐ 孙玲

女，1973 年生人，安徽省人，天津市和平区城市管理委员会环卫保洁二队职工。

◐ 王金钰

男，1956 年生人，天津市和平区人。

孙玲、王金钰，2020 年荣获"天津市见义勇为先进个人"荣誉称号。

主要事迹

2015 年 7 月 13 日 14 时 30 分许，和平区城市管理委员会环卫保洁二队职工孙玲在和平区吴家窑大街新兴卫生院门前清扫道路时，听到河沿道方向传来大声呼喊有人落水。孙玲扔下清扫工具跑到津河边，发现有一女孩在河中挣扎，情况十分危急。孙玲急忙跳入河中，抓住落水女孩往岸边拽。正当孙玲有些体力不支的时候，和平区居民王金钰正好路过，他把自行车扔在一旁，也奋不顾身地跳入河中，与孙玲合力施救。孙玲、王金钰将落水女孩奋力救至岸边，却因为河岸陡峭湿滑，几次都没能推上岸。后在其他群众的帮助下，才合力救起女孩。见女孩脱险，孙玲、王金钰就离开了现场。民警根据群众提供的线索才找到了勇敢下水救人的孙玲和王金钰。

◑ 王东伟

男，1977 年生人，中共党员，天津市河西区人。2020 年荣获"天津市见义勇为先进个人"荣誉称号。

主要事迹

2015 年 1 月 16 日 23 时 20 分许，王东伟驾车途经河北区普济河道快速路立交桥上时，发现两轿车发生碰撞，其中一辆失控，撞在立交桥的水泥护栏上，造成车辆严重损坏，且车辆冒烟，随时有爆燃危险。王东伟发现后随即将车停在事故车辆后面，打开汽车双闪灯放置安全提示牌，提示过往车辆，防止发生次生事故，同时拨打了报警电话。随后，王东伟快速跑到该车旁边查看驾驶员情况，发现一名年轻女子在驾驶员位置已昏迷，且浑身血迹。王东伟不顾随时发生爆燃的危险，立即进入车内将该人拉出车外放置在安全地点，并配合随后赶到的 120 急救人员将其抬上救护车送至医院抢救。由于王东伟在现场果断采取了一系列的安全防护措施，事故现场得到了完整保护，也未发生次生事故，受伤司机因抢救及时脱离了生命危险。

◉ 王宏跃

男，1968 年生人，天津市蓟州区人。

2016 年荣获"全国见义勇为模范"荣誉称号，同年被评为"津城百姓英雄"；2018 年被评为"津城见义勇为十大勇士"；2020 年荣获"天津见义勇为模范"荣誉称号。

主要事迹

2015 年 5 月 20 日 16 时许，王宏跃驾车沿塘承高速向蓟县方向行驶，行至塘承高速公路下行 53.7 千米时，前面一辆轿车追尾一辆货车后又翻滚撞到路边的护栏，轿车前部蹿出火苗。王宏跃立即停车跑到轿车前，发现因车辆碰撞挤压变形的车内有五人被困无法逃出，火势蔓延，情况十分危急。王宏跃冲上前奋力拽开车门，将女司机和一名儿童拉出车外，随后又将副驾驶座位上的一名老人拽出车外，同时呼喊货车司机帮助救人。火势越着越大，王宏跃看到车内一老太太被车座卡住不能动弹，他顾不上皮肤灼烤的疼痛，使尽全力将座椅扛开，把老太太抱下车，此时老人声音微弱地在王宏跃耳边说："车后排座还有一个人，救救他！"此时，车头着起的大火已烧到车身，车辆随时可能爆炸。

王宏跃不顾个人安危再次钻进轿车，发现车辆后排座位后面躺着一名老大爷，头部全是血，伤势较重，由于老人身材较胖，王宏跃自己一个人拉不动。王宏跃立即呼喊大货车司机帮忙营救，二人合力将受伤的老大爷抬出。王宏跃将所有受伤人员转移到安全地带后又拨打 110 报警。此时，大火已将轿车吞没，随时有爆炸的危险。王宏跃又跑回自己的车内拿来灭火器灭火。

王宏跃在事故车辆起火的情况下，沉着冷静，冒着生命危险紧急施救，成功挽救了车内人员的生命。

◉ 王金生

男，1946 年生人，中共党员，天津市静海区人。2016 年被评为"津城百姓英雄"，2020 年荣获"天津市见义勇为先进个人"荣誉称号。

主要事迹

2015 年 1 月 11 日 16 时许，王金生途经静海区大丰堆镇后明村村东小河时，突遇一名 6 岁儿童不慎落入未完全结冰的污水河中。他见状立即施救，由于冰面不堪重负，也落入冰冷的水中。落水儿童沉入水中已不见了踪影，王金生一猛子扎进污水中，将儿童从水中托出。这时，王金生的棉衣被水浸泡变重，他觉得自己仿佛全身绑满沙袋。但孩子已陷入昏迷，稍一松手，孩子的生命就会从他的手中滑入无情的河水中。想到这，他更加用力抱住孩子，向 20 余米外的岸边游去。

对于一位 70 岁的老人来说，冰冷的河水令他全身刺痛、胸中憋闷，刚刚划行 10 多米，他一口气未喘匀，便一头沉入水中，污水不住地灌入他的口腔和鼻腔。情势危急，他的双手反而举得更高，始终让孩子的面部露在河水之外。孩子成了他游到岸边的动力，他横下一条心，拼尽全力把孩子托上岸，并交至岸边热心市民手中。当市民要拉他上岸时，他刚说完"我歇会再上去"，便昏死在水中。

事后，王金生和获救儿童被紧急送往医院，当他们的家人到达医院时，落水儿童经过抢救已脱离生命危险，但王金生的血压却已高达 120 mmHg~200mmHg，脸上多处被冰凌扎破，经过半个小时的急救，各项体征才慢慢恢复正常。

◉ 杨曼

女，1961年生人，天津市和平区人。

2020年荣获"天津市见义勇为先进个人"荣誉称号。

主要事迹

2015年10月28日15时10分许，杨曼驾驶车辆沿外环线由北向南行驶，当行至外环线十号桥附近时，看到一辆同向行驶的小客车从旁边快速驶过，随即奔向路边正在清洁道路的一名环卫工人撞去。毫无准备的环卫工人来不及作出任何反应，被直接撞飞后重重地摔在了数米外的草丛里。肇事车辆迅速逃离事故现场。

杨曼立即不顾个人安危，驱车追赶肇事车辆，并利用手机拍到了肇事逃逸车辆的牌照号码。随后，杨曼分别拨打了110报警电话和120急救电话。接到杨曼电话的交警和医护人员迅速赶到现场，将受伤的环卫工人送到医院急救。

办案民警根据杨曼提供的车牌照号，立即对肇事车辆及驾驶人展开调查工作。两个多小时后，办案民警将肇事司机刘某抓获。

◑ **张广瑞**

男，1956 年生人，天津市武清区人。
2016 年被评为"津城百姓英雄"。

主要事迹

2015 年 7 月 29 日 16 时许，张广瑞正带着孙女在丹东鸭绿江公园游玩，16 岁的孙女突然从亲水台阶处跑来说："爷爷，那边水里有个人在喊'救命'呢！"张广瑞立即跟着孙女跑过去，并在靠近台阶的一个八字形排水闸口内看到一名 50 岁左右的中年男子。该男子站在闸口内的一个平台上，正在涨潮的江水已经没过其腰部，因其不会游泳正在呼救。

被困男子位于八字形闸口内，且距离上方有两三米高。现场群众没有人会游泳，大家都很着急。张广瑞见江水仍在上涨，便立即拨打电话报警。此时，江水已经涨到了男子颈部，他仍在绝望地呼喊着。张广瑞至今仍然记得那一声声呼喊，感慨地说："我前年做过心脏支架手术，所以也担心自己要是下水会把命搭进去。可看着他就要溺水，我实在是不忍心，也就顾不得许多了。"张广瑞当即决定跳江救人。

排水闸口的两侧围墙向鸭绿江中探出 20 多米，张广瑞必须在围墙的尽头绕进闸口，要游 50 多米才能接近被困男子。此时情况危急，许久没有游泳的他拼尽全力快速游进闸口。游到被困男子身边时，水已没过男子的下巴。"别怕，我来了，抓住我的肩膀，我带你上岸。"张广瑞大声地呼喊，该男子慌忙抓住张广瑞。此时，张广瑞已非常疲惫，他缓了几秒钟，便背着被困男子往回游。游到岸边时，他几乎耗尽了体力，恰好武警及时赶到跑下河岸，才将二人扶上岸边。

◉ 张广祥

男，1957年生人，天津市南开区人，天津市河西区天塔湖养鱼池个体经营者。

2020年荣获"天津市见义勇为先进个人"荣誉称号。

主要事迹

2015年1月8日18时许，天塔湖养鱼池个体承包人张广祥在天塔湖附近听到遛弯群众讲有一男青年刚落入天塔湖中，在问明落水位置后，拿着救生圈和绳索跑到现场，不顾个人安危，纵身跳入冰冷的湖水中，一边用手臂破冰，一边游向落水男子。凭着自己的好水性，张广祥一把抓住正在下沉的男子，在岸上群众的帮助下，将该落水者救上岸。赶到现场的120急救人员将落水男子送往医院抢救。张广祥却因天气寒冷、体力透支等原因晕倒在救人现场，被接警赶到的民警及时送医救治。

● 张世强

男，1973 年生人，天津市南开区人。

2020 年荣获"天津市见义勇为先进个人"荣誉称号。

主要事迹

2015 年 9 月 14 日 4 时许，一辆蓝色大货车从西青区津沧高速公路津静收费站驶出，大货车司机看到前方有交通运输执法大队拦车检查时，放慢行驶速度，这引起工作人员的警觉。工作人员当即示意大货车司机靠边停车接受检查。大货车司机却无视指令继续前行，工作人员刘某某拿着手电筒站在距车 50 米处道路中间拦车。大货车司机将车窗摇下后，稍有减速，却趁刘某某向货车左侧行走时，猛踩油门加速向前，快速行驶的车辆将刘某某带倒在地，车轮直接从其身上辗压而过，致使刘某某当场死亡。大货车迅速逃离现场。

在津沧高速公路津静收费站出口处等待接人的张世强，目睹了全过程，他第一时间驾驶自己的汽车对肇事货车进行追击。肇事司机驾驶车辆疯狂逃窜，张世强在后紧追不舍。追赶途中，张世强数次鸣喇叭示意肇事司机停车，对方反而继续加速。张世强一边追赶，一边拨打 110 报警，后又与他同在附近接人的朋友进行联系，分别向民警和其朋友通报了肇事车辆的即时位置和逃跑路线。行至北辰区外环线与北辰道延长线交口附近时，张世强看到一辆喷着"交通"字样的车辆在肇事车辆前方拦截，张世强随即上前，将自己的车辆顶在货车车后，双方合力将肇事车辆堵在路中。随后，张世强下车配合执法工作人员将肇事司机抓获，并将其移交给随后赶至的公安民警处理。

◑ 朱玉良

男，1965 年生人，中共党员，天津市武清区人。
2016 年被评为"津城百姓英雄"。

主要事迹

2015 年 10 月 11 日 20 时，武清区白古屯镇一村民家突然起火，几间平房火烧连营。其中一位瘫痪在床的聋哑老人被困屋内，房子是土坯房，屋顶都是秸秆，火势蔓延非常快。老太太所在的西屋被大量浓烟笼罩，情况危急。

率先发现起火的是本村村民。治保主任朱玉良听说后，与村长迅速骑电动车赶赴现场。此时，老人的儿子刚下班回家，一心想要救老人出来，刚打开门，一个大火球直接喷出门外好几米，将他包裹在内，身上全是火，躺在地上来回打滚。在场的人马上对他展开施救。

朱玉良意识到不能从正屋去救人，于是，他选择从西屋的窗户进去，但是翻进屋后，里面浓烟呛鼻，连眼睛也睁不开。他让人找来一块湿毛巾，掩住口鼻后再次进屋。屋内浓烟笼罩，他弯腰前行，很快找到了老太太。他随即将自己的湿毛巾放在了老太太口鼻处，抱起老太太回到窗口，将老太太交给在外面等候的众人，自己才翻了出来。

朱玉良出屋后不久，几间平房就先后倒塌了。老太太和她儿子都被送往医院，老太太并无大碍，她的儿子不幸身亡。

◐ 从磊

男，1982 年生人，天津市滨海新区人，天津市滨海大港物美超市员工。

◐ 李刚

男，1984 年生人，天津市滨海新区人，天津市滨海大港物美超市员工。

◐ 牛群

男，1991 年生人，天津市滨海新区人，天津市滨海大港物美超市员工。

◐ 汪宝玉

男，1985 年生人，天津市滨海新区人，天津市滨海大港苏宁电器员工。

从磊群体，2016 年被评为"津城百姓英雄群体"，2020 年荣获"天津市见义勇为先进群体"荣誉称号。

主要事迹

2015 年 3 月 11 日，一名男子在滨海新区大港世纪大道物美超市盗窃后被超市工作人员从磊发现。当时该男子买了大约 100 元左右的东西从柜台结账出去。经过从磊身边时，他发现该男子身穿的羽绒服看起来有些异样，应该是藏了东西。于是立即上前阻拦，并一直拽着对方不放，该男子见摆脱不了，随即亮出了一把匕首。从磊只得暂时放弃与对方硬碰硬，而是选择继续跟随，并与其他同事联系。

该歹徒拦截了一辆出租车准备逃跑，从磊与赶来的同事李刚、牛群、汪宝玉忙拦了下来。李刚立即拉开了车门，要拽对方下车。该男子拿起匕首朝着李刚腹部就捅了过去。李刚与同伴一起将还要逃跑的歹徒当场制服，摁倒在地上。随后，民警赶到现场处理，救护车则将李刚送医。

当再次提到当时惊险的一幕，李刚表示，他当时并没有多想，就是一瞬间的反应。直到将男子抓住时，他才感觉到伤口的剧痛。

◑ 黄凤彪

男，1977 年生人，1977 年，天津市静海区人。

2020 年荣获"天津市见义勇为先进个人"荣誉称号。

主要事迹

2015 年 1 月 21 日下午，黄凤彪在家听见有人呼喊"着火了"，遂走出家门，发现本村一处房屋起火，由于火势较大，无人敢靠近火场。此时，黄凤彪听见有儿童在起火房屋内哭喊，立即不顾危险，毅然冲入起火房屋，经过紧张搜救，成功将一男一女 2 名被困儿童救出火场，两名儿童均无大碍。

■ 2016 年

◑ 果玉金

男，1962 年生人，天津市河北区人，天津交管局河北支队十三队协管员。

2017 年被评为"津城百姓英雄"，2020 年荣获"天津市见义勇为先进个人"荣誉称号。

主要事迹

2016 年 1 月 22 日，果玉金下班途经北洋桥时忽然听见一名落入冰窟群众的呼救声，他立即停下脚步观察桥下情况，看见该名群众正撑着冰面呼救，情况岌岌可危。他一边让围观群众立即报警，一边独自向冰窟窿跑去。跑到近前，他才看出落水者是一名老人，脸色苍白，双手撑着冰面正奋力挣扎。果玉金不顾河面结冰不实，果断脱下自己的反光背心，抛给落水者，打算将其拽出冰窟。经过几分钟的奋力拖拽，果玉金终于将老人拽出了冰面，此时老人已经冻得瑟瑟发抖，无法动弹。果玉金又将老人搀扶到岸边，并热情地鼓励老人坚持住。最终，果玉金将落水老人交到了及时赶来的派出所民警手中。

◐ 贾宪武

男，1984 年生人，中共党员，天津市蓟州区人，天津大唐国际盘山发电有限责任公司职工。

2017 年被评为"津城百姓英雄"，2020 年荣获"天津见义勇为先进个人"荣誉称号。

主要事迹

2016 年 8 月 4 日 9 时许，北国重镇哈尔滨，防洪纪念塔畔，松花江水波涛滚滚。突然一声尖利的呼救声打破了岸边人们游玩的兴致："有人落水了，快救人！"循声望去，十几米远的江面上漂浮着一个人。"是个小女孩掉下去了！"有眼尖的群众惊呼。当时，恰逢贾宪武休假，正带着家人游览至此，这惊魂一幕被他看在了眼里。如果不及时营救，女孩就会被冲远。一念及此，贾宪武来不及褪去衣裤，就大步流星一个猛子扎进了翻涌的江水中。盛夏的松花江正值汛期，水流湍急，水性好的人都没几个敢亲身下水。眼见在水里挣扎的女孩只露出一只手了，生命危在旦夕。危急时刻，贾宪武奋力划水，拼足了力气向女孩游去。十几米的江面，此时仿佛成了隔离生死的鸿沟。贾宪武不顾一切地游到女孩身边，紧紧抓住再用力一拽一托，把女孩高高举出水面。已经累得近乎虚脱的贾宪武用尽全身力气，最终将女孩成功救上了岸。

◎ **李国海**

男，1960 年生人，天津市东丽区人。

◎ **王健**

男，1960 年生人，天津市东丽区人。

李国海、王健，2020 年荣获"天津市见义勇为先进个人"荣誉称号。

主要事迹

2016 年 1 月 18 日 17 时许，东丽区万新街一临建房突然起火，火势蔓延造成三层居民楼受损。在旁边店铺内的李国海、王健发现火情后立即报警并上前救火。王健试图用木棍将临建房房顶捅塌压灭大火，同时李国海得知一楼住户陈大爷回屋抢救财物被困屋中，李国海二话不说果断冲入火场将陈大爷救出火海并带至安全地带，随后又拿来灭火器与王健一起灭火。在救火过程中，王健手腕不慎扭伤，但其强忍疼痛奋力阻止火势蔓延，在二人的感染和带动下，周围群众也加入到救火中来，最终协助赶来的民警、消防员将大火扑灭。

◑ 刘宝清

男，1970 年生人，天津市滨海新区人，天津滨海新区塘沽宁波道中国青年旅行社员工。

◑ 孙瑛

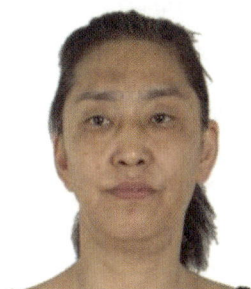

女，1965 年生人，天津市滨海新区人，天津滨海新区塘沽宁波道迎佳轩超市员工。

◑ 吴蕾

女，1982 年生人，天津市滨海新区人，天津君悦春天国际旅行社员工。

◑ 刘辉辉

女，1987 年生人，天津市滨海新区人，天津滨海新区塘沽米氏孕婴店员工。

刘宝清群体,2020年荣获"天津市见义勇为先进群体"荣誉称号。

主要事迹

2016年7月20日14时许,在滨海新区塘沽宁波道与江苏路交口,因雨后积水严重,一名老人因触电昏迷,倒在了积水中,正在附近的孙瑛听见有人喊:"有人触电啦!"随后冲下台阶跑了过去。在附近旅行社上班的吴蕾立即从店内找来一根PVC管子。孙瑛冒着雨水导电的危险,利用此根PVC管子,将该触电晕倒的老人拽至附近商家的台阶下。孙瑛、吴蕾以及刘辉辉立即对该老人进行心肺复苏,老人逐渐恢复呼吸。吴蕾又找来一块门板,随后孙瑛、刘宝清冒雨协助前来救援的民警合力将老人抬上警车送往医院救治。

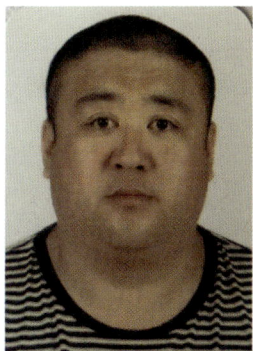

◑ 刘根

男，1983 年生人，天津市宁河区人，公安宁河分局岳龙庄派出所辅警。

2020 年荣获"天津市见义勇为先进个人"荣誉称号。

主要事迹

2016 年 2 月 6 日 21 时许，宁河区岳龙镇岳龙庄村村民王某某家厢房突然着火，现场火势较大，一旦蔓延后果不堪设想。接报后，刘根与民警及时赶到起火点，组织群众进行扑救。刘根冒着四五米高的火苗，冲在最前面，用水管控制火势。但火越烧越大，王某某家的三间房已烧塌两间，情况异常紧急。而刚回到家的王某某喊道："屋里还有煤气罐，昨天刚灌满的！"煤气罐一旦爆炸，后果不堪设想。刘根听罢，边疏散群众，边问王某某煤气罐摆放的位置。当了解到煤气罐放在失火房间西北角时，刘根提起一桶水，冒着生命危险，冲进火场，把一桶水浇到煤气罐上进行冷却，而后迅速扛出煤气罐，放到安全位置。后刘根继续组织村民将大火扑灭，最大限度为群众挽回损失。

○ 马健

男，1990 年生人，天津市宁河区人，天津公安宁河分局大北涧沽派出所辅警。

2020 年荣获"天津市见义勇为模范"荣誉称号。

主要事迹

2016 年 11 月 26 日 13 时 50 分许，一男子持械闯入宁河区芦台镇一金店，砸碎柜台玻璃，抢走价值 22 万余元黄金饰品。公安机关立即成立专案组开展调查走访，调取了案发现场及周边的大量视频监控资料，发现头戴深蓝色毛线帽男子有重大作案嫌疑。专案组迅速对可疑男子体貌特征进行辨认、排查。当晚 18 时许，公安宁河分局大北涧沽派出所辅警马健向专案组报告，其朋友郭某某称潘某某想以黄金项链折抵的方式向其归还借款。后马健按照专案组指示，主动要求与潘某某见面，并提出当场查看黄金项链的要求。当晚 19 时 40 分许，马健和郭某某与潘某某约好，双方在宁河区芦台镇家乐超市附近见面，马健将该情况及时向专案组汇报，专案组迅速制定工作方案。三人见面后，看见潘某某持有的三条黄金项链时，马健当即断定其与金店抢劫案有关联。于是，马健提出要两人稍等，自己要找人对项链做进一步鉴定。马健遂将项链巧妙交给专案组和金店人员核实，当金店人员确认该项链就是当天被抢劫物品时，马健迅速返回，并将嫌疑人潘某某稳控在车内。当专案组民警赶到时，马健积极配合民警将嫌犯抓获，现场起获被抢的全部金饰品，同时查获钢珠枪、斧子等作案工具。经审讯，犯罪嫌疑人潘某某对持枪抢劫金店的犯罪事实供认不讳。

◑ 马寿元

男，1956 年生人，天津市北辰区人。

2020 年荣获"天津市见义勇为先进个人"荣誉称号。

主要事迹

2016 年 1 月 28 日 15 时许，两名儿童在北辰区小淀镇刘安庄村村边一排污河的冰面上玩耍，不慎落入冰窟，住在附近的马寿元听到有人喊救命，就循声前往查看，发现了落水儿童，并立即爬上冰面进行抢救。当其抓住其中一名男孩时冰面坍塌，他也随之落水。由于其他村民的帮助，马寿元和男孩被成功救上岸。随后，马寿元再次进入河中对另一名女孩进行抢救。他们上岸后，村民将两名儿童及马寿元送往医院，其中一名男孩抢救无效死亡。

◉ 唐国佳

男，1985 年生人，天津市滨海新区人，滨海新区交管分局赵连庄支队辅警。

◉ 王德明

男，1956 年生人，天津市滨海新区人。

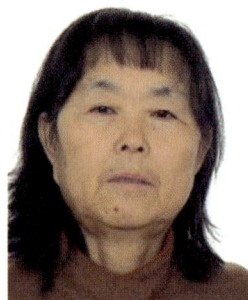

◉ 杨少君

女，1956 年生人，天津市滨海新区人。

唐国佳群体，2017 年，被评为"津城百姓英雄群体"，2020 年荣获"天津市见义勇为先进群体"荣誉称号。

主要事迹

2016 年 7 月 4 日 10 时 19 分许，在津淄公路荣乌高速口发生一起三车相撞事故，其中两车因撞击导致油箱破裂起火燃烧。交警赵连庄大队民警和辅警唐国佳巡查至事故地点，顶着火势立即展开救援，路边的两名群众王德明和杨少君顾不上火势顺着风势火已烧向自家临街的汽修店，马上跑上前迅速加入救援行列，王德明用力把撞得变形的大货车车门拽开，众人救出驾驶室内一男一女。

　　为确保安全，辅警唐国佳跟随交警寻找铁锨，试图用沙土控制住火势。同时他们也意识到，由于事故现场情况不明，一旦有车辆驶近很容易被引燃，造成次生事故。于是，在妥善安置伤员后，在交警的带领下，唐国佳连同王德明、杨少君夫妇又跑向路口，疏导过往车辆。

　　就在这时，事故车突然发生了剧烈燃烧。唐国佳突然发现一直与其并肩救援并疏导交通的交警不见了踪影，遂冒着危险，在事故现场搜寻交警。几经找寻，他在津淄公路护栏南侧坡下，找到了意识模糊、身体多处烧伤的交警，他身穿的警用反光背心、警服被烧开了好几个大洞。原来，在事故车辆突然发生剧烈燃烧时，气浪将交警掀翻在地导致其受创昏迷，虽滚下了土坡，但火苗还是蹿到了身上。唐国佳冒着危险将交警拽出危险区域，随后又冲回事故现场，继续进行搜救，在查明确实没有群众在事故车辆内后，他又赶回路口对车辆进行疏导。

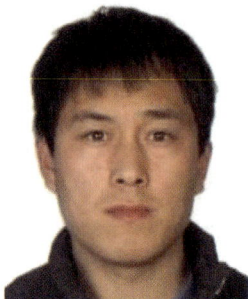

◉ 万福龙

男，1988 年生人，天津市静海区人。

2020 年荣获"天津市见义勇为先进个人"荣誉称号。

主要事迹

2016 年 3 月 22 日 11 时 30 分许，万福龙到唐官屯镇慈儿庄村小学门口接自己上幼儿园的孩子放学。在等待孩子放学的时候，突然有一辆农用柴油三轮车朝幼儿园门口开过来，三轮车行驶过程中七扭八拐像失控了一样，幼儿园门口的村民纷纷躲避，但三轮车还是撞向了慈儿庄村村民边某某骑行的电动车，当时边某某的电动车上还带着其孙女。情况万分紧急，万福龙发现情况后，迅速跑向边某某的电动车，不顾自身安危将车后小女孩从电动车上救下，并把边某某的电动车推向旁边的安全区域，自己却来不及躲避，被三轮车撞倒。万福龙被撞倒后，周围群众将其送医检查。经检查，万福龙的腰部多处骨折，因腰部受伤，基本丧失劳动能力，后续还需继续疗养。

◐ 王福海

男，1970 年生人，天津市宝坻区人，宝坻供电有限公司林亭口供电营业所职工。

2017 年被评为"津城百姓英雄"，2020 年荣获"天津市见义勇为先进个人"荣誉称号。

主要事迹

2016 年 10 月 17 日 6 时许，王福海按照以往的习惯出门散步，刚拐过宝坻区林亭口镇泥窝村南 500 米的丁字路口处，听见身后传来猛烈的撞击声，紧接着便是流水声，王福海马上回头前去查看。只见一辆汽车冲进了路尽头的水渠里，并且已经翻车，河水已经灌入车内，情况十分危急。王福海毫不犹豫地跳进冰冷的河水里进行救援。他反复多次努力后，终于奋力拽开车门，将六名被困人员一一救出，自己才精疲力尽地爬上了岸。

◎ 董世彦

男，1973 年生人，天津市西青区人。

◎ 徐召强

男，1966 年生人，天津市西青区人。

董世彦、徐召强，2020 年荣获"天津市见义勇为先进个人"荣誉称号。

主要事迹

2016 年 2 月 26 日 10 时 50 分许，董世彦、徐召强在西青区精武镇小卞庄村新强宇塑料制品有限公司工作时，忽然听到有人呼喊："来人啊，有孩子掉到水里啦！"董世彦放下手里的工作，迅速冲到距离公司大约 20 多米的河边，远远看过去小河中间在翻水花，并发现有一只手从翻水花的地方伸出来。徐召强见情况不对，也迅速赶往河边，并发现有一男孩在河水中拼命挣扎，二人不顾河水冰冷跳入河中，游到河中央时，双手拖住男孩的两个胳膊，让男孩的头先露出水面，然后踩着水，将男孩成功救上岸，并将男孩交予家长。董世彦、徐召强舍己救人，挽救了落水男孩的宝贵生命。

◐ 杨国强

男，1958 年生人，天津市河东区人，天津鑫怡物业公司保安员。

◐ 范秀文

男，1974 年生人，河北省人，个体经营者。

杨国强、范文秀，2020 年荣获"天津市见义勇为先进个人"荣誉称号。

主要事迹

2016 年 1 月 10 日 23 时 30 分许，东丽区张贵庄街富阳中街七条 4 号院内平房发生火灾。邻居杨国强发现后立即报警并一边大声呼救，一边砸门，范秀文听到喊声也迅速赶到，二人合力将该院的大门端开，透过浓烟发现西侧房间内火势凶猛，屋内大部分电线已被大火烧断，在火场中噼啪作响，屋内燃气管道也暴露在大火之中，随时都有爆炸的可能，且屋内有一男子倒地不起。范秀文迅速拿来湿毛毯与杨国强一同果断冲进火场，用仅有的湿毛毯裹住被困男子并用自己的身体紧紧护住被困人，合力将其救出火场并转移至安全地带。随后又协助赶来的消防人员扑灭大火、送治伤员。经抢救，受伤男子脱离生命危险。

❶ 苑国福

男，1971年生人，天津市南开区人，天津市电力公司检修员。

2020年荣获"天津市见义勇为先进个人"荣誉称号。

主要事迹

2016年3月22日5时许，居住在南开区万德庄大街龙德里的群众苑国福发现楼道内冒出浓烟，随后用湿毛巾捂住口鼻，拿手电筒下楼查看，到3楼楼道时发现了起火点，楼道内堆积的杂物也已被引燃。苑国福见状马上拨打119报警，并大声疾呼疏散群众，并组织灭火。待消防队赶到后又配合消防队展开工作。由于苑国福发现及时、扑救迅速，避免了火灾的蔓延，减少了人民群众的财产损失，保障了人民群众的生命安全。

2017 年

◉ 李士元

男，1964 年生人，天津市宝坻区人。

2020 年荣获"天津市见义勇为先进个人"荣誉称号。

主要事迹

2017 年 4 月 7 日，宝坻区牛家牌镇村民李某一个人在修理承包鱼塘的放水口，李士元闻讯后就过去帮忙。李士元搬着一摞砖，偶然一抬头，发现从北边村里过来两个人，是李某的爱人骑着电动三轮车驮着 4 岁的儿子。等到李士元放下砖，再次抬头寻找母子俩的身影时，娘俩和电动三轮车一起不见了踪影。李士元喊"不好"，随即就往河边跑。果然，河堤上有电动三轮车车胎的痕迹。而此时，河面上恢复了平静，根本没有落水者的影子。危急关头，李士元顾不上脱衣服，跳入河中。巧的是，李士元的双手正好触到落水者的后背。落水者怀里紧紧抱着 4 岁男孩。李士元憋着气息潜入水里，将娘俩拼命往岸边推，由于河岸新近清理淤泥，加之堤边坡度有些陡，好不容易推到岸边的人又滑了下来。

李士元再次潜入水中，用自己的身体将两个人往岸边推。李士元已经深感体力不支，而且情急之下还呛了一口水。李士元咬紧牙关，在水里一点一点推着落水者向着岸边移动。这时李某也赶到了，从岸上接过了爱人怀里的男孩。李士元刚想松口气，没想到的是落水者身体一滑再次掉进水里。李士元拼尽最后的力气第三次将落水者推到岸边，在其他赶来救援的人的协助下，终于成功将落水者救了起来。

◑ 鲍占洋

男，1957 年生人，天津市河北区人。

2020 年荣获"天津市见义勇为先进个人"荣誉称号。

主要事迹

2017 年 7 月 21 日 10 时许，正在河北区北宁公园进行摄影采风的王某某突然晕倒，并栽进公园的西大湖中。正在此处游玩的鲍占洋见此情况，来不及脱下衣服，就跳入河中对王某某进行施救，最终在周围群众的帮助下，将王某某成功救上岸。

● 杜长印

男，1962 年生人，天津市蓟州区人，宝坻区海滨街碧水源项目工地工人。

2018 年被评为"津城百姓英雄"，2020 年荣获"天津市见义勇为先进个人"荣誉称号。

主要事迹

2017 年 7 月 24 日 22 时 30 分许，杜长印正在宝坻区海滨街道附近一处工地外巡查，走到工地北侧百里河南岸时，隐约看到不远处的河面上有一点点红色的灯光。他走近查看发现，那灯光是一辆轿车的尾灯。那辆汽车离岸边有四五米远，正在缓缓下沉，车头和前半部分车身已经完全沉入水中，仅剩车尾还露在河面上。他跑至近处，注意到该车车门全部紧闭，没有人员从车内逃出的迹象。他推断，轿车内肯定有人，便连衣服也没顾上脱就迅速跳入河中。

他游到轿车的车尾部，从露在河面上的后车窗向内望去，发现车内有一对年轻男女。此时，河水正透过车的缝隙流进车内，并淹到两名青年的颈部。车内二人惊慌挣扎，却无法打开车门逃生。杜长印立即用手捶打后车窗，但坚固的车窗玻璃始终没有碎裂，无奈之下，他潜入河中，摸索到车门，用脚抵住车身，身体奋力抵抗水压，经过多次尝试，左后车门终于被拉开。他随即钻进车内，将坐在副驾驶的女子拖出车外，并让其抓住尚未沉入水中的车尾。

这时，杜长印已累得浑身颤抖，但由于轿车的左后车门敞开，河水快速涌入了车内。车内的男青年情况更加危急，杜长印见状咬紧牙关，反身再次潜入漆黑的水中，钻入车内，摸索到男青年的位置。但当他拉拽该男子时，却感觉到该男子被卡在座位上，无法移动。他快速摸到该男子被卡住的位置，发现原来是该男子衣袖与车内部件缠在了一起。此时，杜长印已经感到缺氧，他抓住该男子的手臂，用力向上拉拽，卡住的衣袖被撕破。随后，杜长印拖着该男子拼命向上游，终于将该男子救出水面。尽管呛了好几口水，但杜长印扶着车尾休息片刻后，带着两人游向河岸边，随后拨打110报警。

◑ 李兴福

男，1945 年生人，天津市河西区人。

◑ 侯洪敏

男，1987 年生人，山东省人。

◑ 刘宏伟

男，1962 年生人，天津市河西区人。

◑ 高家志

男，1968 年生人，河南省人。

◉ 李津双

男，1973年生人，天津市河西区人。

李兴福群体，2020年荣获"天津市见义勇为先进群体"荣誉称号。

主要事迹

2017年10月14日16时30分许，公安河西分局接公安市局110指令称，在河西区紫金山路金山里对面卫津河内一辆汽车落水。接警后，民警立即赶赴现场，发现车内三人（事主范某及妻子、儿子）均被附近群众施救上岸，均无生命危险。经民警现场走访得知，参与施救的过路群众为李兴福、侯洪敏、刘宏伟、高家志、李津双，在发现有汽车坠入河中后，李津双第一时间报警并积极参与施救，李兴福、侯洪敏、高家志三人不顾个人安危下水施救，刘宏伟于河岸处用绳子进行施救，由于营救及时、方法得当，三名落水者均无生命危险。

李兴福群体在落水群众最危急、最需要帮助的时候，奋不顾身，挺身而出，第一时间成功将落水群众救助上岸，避免了人民群众生命受到威胁。

◑ 王汉朝

男，1970 年生人，河北省人，个体运输户。

2018 年被评为"津城百姓英雄""津城见义勇为十大勇士"，2020 年荣获"天津市见义勇为模范"荣誉称号。

主要事迹

2017 年 12 月 22 日 22 时 40 分许，于某驾驶一辆二轮摩托车，沿静海区团大路由东向西行驶，当行驶到团大路时，与前方一辆白色电动四轮车追尾，于某受伤倒在路上。

住在事发地点附近的王汉朝听到响动跑到事故现场，看到驾驶摩托车的男子倒在地上，并且事故现场没有路灯，来往的汽车车速较快，很容易再次发生事故。

为避免发生二次事故，保护已经昏迷的司机，王汉朝打开手机上的照明灯，通过摇动手机，提醒经过现场的车辆减速避让。但一辆比亚迪小客车司机由于醉酒驾驶还是径直冲向事故现场，致使王汉朝被撞倒在地。王汉朝在此次见义勇为行为中负伤，经医院诊断为右股骨骨折，后经治疗右小腿截肢。

○ 王寿福

男，1950年生人，中共党员，天津市滨海新区人，滨海新区汉沽人民影院退休职工。

○ 李兆全

男，1958年生人，天津市滨海新区人，滨海新区汉沽广播电视局职工。

王寿福群体，2018年，被评为"津城百姓英雄群体"，2020年王寿福、李兆全荣获"天津市见义勇为先进个人"荣誉称号。

主要事迹

2017年9月8日10时40分许，王寿福骑电动车从大桥驶过时突然听到有人大声呼喊："救命啊，快来救命啊！有人跳河啦！"他回头一看，发现在大桥北侧的护栏边有不少人向河中张望。他急忙把电动车停在路边，向桥栏边跑去，直接翻过桥边护栏，从距离水面六七米高的桥上纵身跳入河里救人。

王寿福跳下水后，见一名女子正被湍急的河水冲向大桥的南侧，且脸朝下趴在水面上。王寿福快速游到该女子身边，将其翻转过来，然后托着她的颈部，奋力向岸边游去。王寿福从小在蓟运河边长大，虽然水性很好，但毕竟已年近七旬，游了十几米远就感到体力不支。就在此时，途经此处的汉沽广电局职工李兆全也跳下河帮忙救人。当他快速游到二人身边时，才发现救人的大爷竟是自己多年的好友王寿福。随后，两人合力将该女子带到了水中一根水泥横梁上。他们站在横梁上，头部可以露出水面，老哥俩儿一边帮该女子控水，一边安慰劝导她。

很快，闻讯赶到的消防官兵将两件救生衣、一个救生圈和一捆救援绳抛给他们。王寿福和李兆全分别穿上救生衣，并把救生圈套在轻生女子身上，用救援绳系牢。李兆全在前面拖拽，王寿福在后面推，合力将该女子成功救上岸。

● 王兆鑫

男，1954 年生人，天津市河北区人，天津市东丽区三达酒店餐厅员工。

2020 年荣获"天津市见义勇为先进个人"荣誉称号。

主要事迹

2017 年 6 月 17 日 16 时许，王兆鑫发现三达酒店租赁商户恒信家私侧墙冒烟后，立即拨打 119 报警，并冒着建筑物外墙皮掉落的危险挺身而出，迅速跑到恒信家私门店通报火情，及时疏散了门店工作人员和十余名顾客。随即，属地派出所和消防队人员及时赶到控制了火势。

◐ 吴兢

男，1963 年生人，天津市河东区人，天津市
和平区观光车队队长。

◐ 王仲翔

男，1968 年生人，天津市河北区人，天津市
和平区观光车队司机。

吴兢、王仲翔，2020 年荣获"天津市见义勇为
先进个人"荣誉称号。

主要事迹

2017 年 7 月 8 日下午，无业人员王某某在和平区金街因故与张某某、
黄某某发生纠纷。7 月 9 日凌晨，王某某分别在和平区长春道百信珠宝店门口、
长春道与河北路交口某商店门口找到张某某、黄某某，用事先准备好的刀具，
将二人捅伤后逃逸。公安和平分局接到报警后，在辖区内布控，金街派出所
利用微信工作群，将王某某的图像发送给金街各商店售货员、保安员、电瓶
车司机等人员，动员查找。当日 11 时 30 分许，和平区金街观光车队队长吴
兢和司机王仲翔在滨江道与河北路交口发现一名体貌特征与王某某相似的男
子，二人边跟踪边报警。在民警赶到现场时，吴兢和王仲翔协助公安民警将
王某某抓获。

❶ 于井来

男，1980 年生人，中共党员，天津市南开区人，天津市五市政公路工程有限公司职工。

2018 年被评为"津城百姓英雄""津城见义勇为十大勇士"，2020 年荣获"天津市见义勇为先进个人"荣誉称号。

主要事迹

2017 年 4 月 6 日傍晚，南开区金环里某居民因一时疏忽，将油锅忘在未关的灶台上，致使家中失火，慌乱中该居民泼水施救导致火势迅速蔓延。住在该居民家楼上的于井来听到呼救声，不顾凶猛火势冲进火场，用自家灭火器对各处明火进行扑救。在扑救了大多数的明火之后，他又第一时间关闭了燃气管道阀门和总电闸，为消防人员争取时间。明火扑灭后，他组织邻居对楼下交通进行临时管制，及时清理已烧毁的玻璃等杂物，避免了杂物高空坠落造成二次伤害。赶来的消防员查看被成功处理的火灾现场时，称赞他施救及时，措施得当，尤其是截断燃气和电源的举动，有效地避免了因发生燃气泄露和电弧火花而引起爆炸。

为普及消防知识，于井来主动整理消防常识贴在楼栋口，又自费购买了十几个灭火器送给邻居。

◑ 于树远

男，1960 年生人，中共党员，天津市河北区人，天津市北辰区发利汽车压铸件厂法定代表人。

◑ 杨士花

女，1963 年生人，中共党员，天津市红桥区人，天津市北辰区发利汽车压铸件厂副厂长。

◑ 王亚彬

男，1983 年生人，天津市北辰区人，天津市北辰区发利汽车压铸件厂财务科科长。

◑ 王子军

男，1973 年生人，中共党员，天津市北辰区人，天津市北辰区发利汽车压铸件厂副厂长。

◉ 王震

男，1976 年生人，天津市北辰区人，天津市北辰区发利汽车压铸件厂职工。

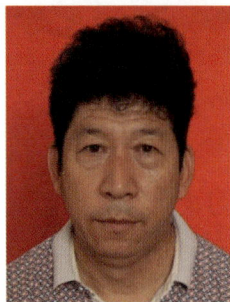

◉ 陈以通

男，1966 年生人，天津市红桥区人，天津市北辰区发利汽车压铸件厂职工。

于树远群体，2018 年，被评为"津城百姓英雄群体""津城见义勇为十大勇士群体"；2020 年荣获"天津市见义勇为先进群体"荣誉称号，于树远同年荣获"天津市见义勇为模范"荣誉称号。

主要事迹

2017 年 12 月 19 日 8 时许，于树远刚走进单位办公室，就听到隔壁传来呼救声。他连忙跑过去，发现传出呼救声的办公室房门被反锁。他撞开房门冲进屋内，看到同事王某浑身是血，倚靠在墙角呼救。一名歹徒手持三棱刀正冲向王某，于树远见状后立即扑向歹徒，用双手去夺他手里的刀，并与歹徒从办公室扭打到楼道里。

杨士花听到呼救声后也当即跑上楼，看到于树远和歹徒搏斗倒在楼道地上，歹徒又从身上拔出另一把刀，反手欲朝于树远的腰上刺。杨士花使出全身的力气摁住歹徒的手，并与先后赶来的该厂职工王亚彬、王子军、王震和陈以通一起将歹徒制服并报警。

大家把王某和于树远送到医院进行抢救。经过治疗，王某脱离危险，于树远脸部和手部多处被刀割伤，落下残疾。

◉ 张民山

男，1967年生人，中共党员，天津市滨海新区人，天津市滨海新区太平镇郭庄子村委会副主任。

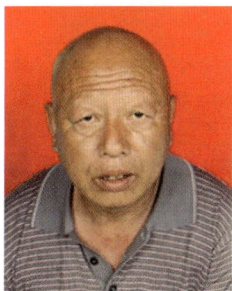

◉ 徐复柱

男，1965年生人，天津市滨海新区人，天津市滨海新区太平镇郭庄子村水站员工。

张民山、徐复柱，2020年荣获"天津市见义勇为先进个人"荣誉称号。

主要事迹

2017年12月19日13时许，张民山正在村委会准备下午会议材料，突然听到小孩刺耳的哭喊声，立即放下手中工作循声赶去，发现在距离村委会几十米外的景观河边有个女孩在焦急呼喊救命。张民山飞快跑到河边，看到拱桥西侧河中央冰面破裂，一男童不断挣扎浮出水面，随时有可能溺水而亡，情况十分危急。张民山来不及多想，顾不上脱去身上厚重的棉衣，急忙跳入3米多深的冰冷河水中，奋力向落水男孩游去。此时，徐复柱也闻讯赶到河边，连忙跳入河中与张民山一起奋力托举起落水男孩，向岸边游去，男孩成功脱险。

◉ **张印桥**

男，1941年生人，天津市河东区人。

2020年荣获"天津市见义勇为先进个人"荣誉称号。

主要事迹

2017年6月3日9时许，在河东区二号桥朝阳菜市场买菜的张印桥，看见对面走来个老太太推着车，车把上挂着一个小书包，突然旁边一名40岁左右的男子从老太太的小书包中抽出一张钞票，张印桥见状大喊："别动。"随后，上前抓住该男子肩膀，这名男子见事情败露，随即把钱掏出来放回失主的小书包里。男子一边往后退，一边弯腰，用随身携带的匕首刺向张印桥，毫无防备的张印桥躲闪不及被刺中左下腹部。该男子得手后转身就跑，张印桥捂着伤口，忍着疼痛在后紧追不舍，但由于大量出血，张印桥很快体力不支，捂着伤口蹲在了地上，该男子趁机逃走。公安机关于2017年6月6日，将犯罪嫌疑人齐某某抓获。张印桥已痊愈。

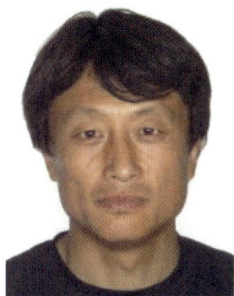

● 张长洪

男，1974 年生人，天津市宝坻区人。

2020 年荣获"天津市见义勇为先进个人"荣誉称号。

主要事迹

2017 年 12 月 7 日 10 时 30 分许，张长洪驾驶公交公司旅游客车途经八门城镇双庄村北箭杆河时，听到有人呼救。于是，立即停车查看，发现声音是从路边河内传出来的。他赶忙到河边查看，发现一老人掉进了冰窟窿，在河中间位置，水已到老人脖颈处，因冰面太薄，老人无法借助冰面自行上岸，随时有可能沉下去。张长洪见很大一片冰面已经破裂，急忙找来一根 5 米左右长的木棍，伸向老人，让老人抓住木棍。张长洪在岸边用力拉拽木棍，本想把老人拽上岸。可是，因有冰面阻隔，根本无法拽上岸。张长洪一边安抚老人，一边提示老人将两条腿在水里慢慢悠到冰面上。在张长洪的提示下，老人慢慢将双腿挪到了冰面上。张长洪赶紧用木棍将老人拉拽到岸边救上岸。

2018 年

◑ 郑会旺

男，1956 年生人，天津市宝坻区人。

2020 年荣获"天津市见义勇为先进个人"荣誉称号。

主要事迹

2018 年 12 月 15 日 16 时许，郑会旺像往常一样在河边遛弯，突然听到"救命！救命呀！"的呼救声。郑会旺心想："不好，有人落水了。"他一边往河边跑一边大声喊："趴在冰块上别动！"窝头河是一条景观河，经过人工挖掘，深度约三四米，而且部分河水已结冰。一旦男孩沉入水中，施救困难，后果不堪设想。紧急时刻，郑会旺脱下外套和棉衣，一个鱼跃跳入水中，游向趴着冰面的男孩。河里冰水相融，寒冷刺骨，郑会旺没有丝毫退缩，最终将男孩救上岸。随后，老人拖着疲惫的身体悄然离开现场。

◑ 蔡磊

男，1986 年生人，中共党员，北京市人，天津艾达自动变速器有限公司职工。

◑ 王凤翔

男，1961 年生人，河北省人，天津市第五纸箱厂退休职工。

蔡磊、王凤祥，2020 年荣获"天津市见义勇为先进个人"荣誉称号。

主要事迹

2018 年 5 月 26 日 15 时许，蔡磊、王凤翔分别在中北镇星光路桥下两岸垂钓，突然听到岸上有小孩呼救，寻着呼救声发现一个男孩在河中挣扎，身体正逐渐下沉。王凤翔迅速脱下衣服跳入河中朝落水男孩游过去。河对岸的蔡磊也脱掉衣服下河救人。因为蔡磊的位置距离落水小孩较近，很快将男孩拉出水面，拖着游向岸边。由于河岸湿滑，蔡磊拖着男孩无法上岸，危急之时，王凤翔也游到岸边，与蔡磊合力托着男孩，在岸边群众的帮助下将男孩推上岸。救人过程中，蔡磊脚部、王凤翔小腿均多处被划伤。上岸后，王凤翔又对呛水昏迷的男孩进行紧急救助，最终男孩成功脱险。

◐ 姜亮

男，1984年生人，天津市和平区人，天津安邦保险公司职员。

2019年被评为"津城百姓英雄"，2020年荣获"天津市见义勇为先进个人"荣誉称号。

主要事迹

2018年4月1日22时许，一对年轻情侣在河西区紫金山路卫津河岸边发生激烈争吵，年轻女子突然跳入河中，岸边群众发出惊呼，男青年高声呼救。此时，正在附近与妻子散步的姜亮听到呼救声，飞快地向事发地跑去。看到河中挣扎的女子，姜亮匆忙脱去外衣，勇敢地跳入河中，全力向落水女子方向游去。姜亮抱住完全丧失了体力的女子，拖拽着她全力游向岸边。由于津河水深岸陡，且布满苔藓，比较湿滑，姜亮在岸边群众的帮助下，才顺利将落水女子拖拽上岸。上岸后，姜亮又对落水女子进行了紧急施救，使落水女子脱离了生命危险。

◑ 刘可达

男，1958 年生人，天津市和平区人，和平区公益保安公司辅警。

2019 年被评为"津城百姓英雄"，2020 年荣获"天津市见义勇为先进个人"荣誉称号。

主要事迹

2018 年 2 月 23 日 11 时许，还有 2 个月就要退休的刘可达仍然坚守岗位，在社区巡逻，他行至四平东道附近时，突然闻到一股焦糊味，立即提高了警惕，迅速循味寻找，很快在一处居民住房的二楼窗户处发现时隐时现的明火。他立即拨打了 119 报警，并大声警示周边群众远离危险区域。火苗愈燃愈烈，刘可达不顾个人安危，攀上院墙，跳入院内，拿起灭火器，冲到二楼的失火处，熟练使用灭火器将明火扑灭，喊来邻居关闭该处的电源、煤气阀门，并一起将该处独居老人护送至安全地带。

❶ 马保金

男，1986年生人，黑龙江省人，美团外卖送餐员。

2019年被评为"津城百姓英雄"，2020年荣获"天津市见义勇为先进个人"荣誉称号。

主要事迹

2018年11月15日17时许，美团外卖送餐员马保金在送餐经过静海区静海镇福盛园时发现一男孩悬吊于5楼的一个防盗窗内。马保金立即跑上楼敲房门，无人应答。他又转到4楼，通过住户的阳台用一把拖把托举着悬吊在5楼的男孩。为了保险起见，他又不顾危险从4楼爬到5楼防盗窗外，一手抓住男孩胳膊，一手抓着防盗窗，防止男孩坠落，直至消防员和民警赶到救下男孩。马保金因长时间保持一个姿势，手脚麻木，已不能动弹，在民警和消防员帮助之下，才得以脱困。

● 韦有庄

男，1982 年生人，中共党员，江苏省人，空军战士。

● 王艺博

男，1983 年生人，中共党员，河南省人，空军战士。

● 高敬阔

男，1987 年生人，中共党员，河南省人，空军战士。

● 苗积坤

男，1987 年生人，中共党员，河南省人，空军战士。

◐ 赵敬尧

男，1989年生人，中共党员，河北省人，空军战士。

韦有庄群体，2020年荣获"天津市见义勇为模范群体"荣誉称号。

主要事迹

2018年9月13日晚，某部空军战士韦有庄、王艺博、高敬阔、苗积坤、赵敬尧途经武清区新刘庄立交桥处时，看到两轿车相撞，其中一车严重变形，司乘人员均被困在车内，汽油外泄车底部已见明火，随时可能发生爆炸。他们意识到事情的严重性，迅速拨打110，放置警示牌警示路人，并分组施救。苗积坤和王艺博跑到车底有明火的那辆汽车前，见车内已都是黑烟，打开车门看到司机已昏迷，便迅速将伤员抬至安全地方，防止车辆爆炸造成二次伤害。韦有庄和高敬阔和赵敬尧跑向另一辆汽车，该车车头已经严重变形，他们手脚并用，打开车门，将卡在已变形的座椅上已经昏迷的人员拽出车外，他们抬着被救人员未走几步，就听到了车辆爆炸的巨响，瞬间汽车烧成了一团火球，只几分钟汽车就被烧成了空架子。随后，五名战士配合公安民警封锁现场，取出随车携带的干粉灭火器协助灭火，火势得到控制后，五名战士才离开现场回到部队。

❶ 袁龙华

男，1969 年生人，天津市滨海新区人，天津三岛输送机械公司质检员。

2020 年荣获"天津市见义勇为先进个人"荣誉称号，同年被评为"津城百姓英雄"。

主要事迹

2018 年 7 月 21 日上午，袁龙华去东疆港海边钓鱼，正在岸边寻找合适位置时，突然听到"快来人呐！有人掉水里了！"的呼救声，他立即循声跑了过去。当时，落水者已经被海浪卷到距离岸边两三米远。不会游泳的袁龙华背着泡沫箱急忙纵身跳进海水里，海面上的海浪起起伏伏，很难接近落水者，扑腾了好久才靠近了落水者。落水者已经失去意识，为救助增加了难度，袁龙华凭借着泡沫箱的浮力，拖着落水者艰难地划到岸边。在岸上群众的协助下，落水者被拖上岸。上岸后，袁龙华指导周围群众对落水者进行控水施救，直到落水者苏醒。

经查，落水者系甘肃来津游玩的学生，当日在海边游玩时不慎落入海中。

■ 2019 年

◑ 安元新

男，1949年生人，中共党员，天津市西青区人。
2020年荣获"天津市见义勇为先进个人"荣誉称号。

主要事迹

2019年8月9日中午，赵某因家庭琐事一时无法开解，在杨柳青镇某小区附近跳河轻生。七旬老人安元新刚好从桥上经过，看见有年轻女子在水中挣扎，双手不停地扑腾，河水已淹没女子颈部，情况十分危急。安元新来不及多想，往河边奔跑的同时脱下衣服，纵身跳入河中。当时，赵某已经被水流带到了河中最深处。安元新游过去，从侧面一把抓住赵某胳膊用另一只手拼命划水。因赵某身体较胖且在水中胡乱挣扎，老人体力急速消耗，拼尽全力将赵某拽至河边，在岸边群众帮助下将赵某救上岸。

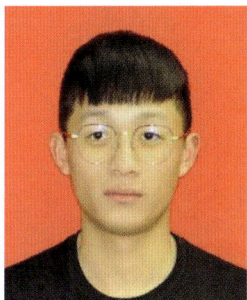

● 常泽林

男，1998 年生人，天津市滨海新区人，美团外卖专送员工。

2020 年荣获"天津市见义勇为先进个人"荣誉称号，同年被评为"津城百姓英雄"。

主要事迹

2019 年 12 月 22 日 12 时 50 分许，滨海新区大港重阳里小区一单元二楼的住户阳台物品起火，现场浓烟滚滚，足有 1 米高的火光正向外蹿。此时，外卖小哥常泽林到该小区送外卖，发现火情后，立即拨打 119 报警。随后，常泽林迅速跑上楼大力敲门，但其家中没有反应。他返回到楼下，发现阳台塑钢窗已被烧变形。危急时刻，他赶忙跑到附近店铺借出灭火器后，又赶回火场，爬上旁边的树干，钻过树枝，徒手沿着 1 楼窗户外面管道攀爬到 2 楼，通过阳台窗户跳进室内，发现一老人正在卧室熟睡，转身跑回阳台全力灭火。随后，常泽林与闻讯赶来的小区物业人员，先后使用了 4 个灭火器奋力将火扑灭，成功避免了人员伤亡和周围群众的财产损失。

◑ 陈辉

男，1977年生人，中共党员，天津市河西区人，市机关事务管理局汽车服务中心驾驶员。

2020年荣获"天津市见义勇为先进个人"荣誉称号，同年被评为"津城百姓英雄"。

主要事迹

2019年12月2日15时许，一女子径直跳入河西区信昌大楼附近的津河内轻生，马上就要沉入水中，情况万分危急。"救人啊，有人掉水里了！"正在附近的陈辉听到呼救声，看到河水中女子正在挣扎。眼前的险境，陈辉心里明白，时间就是生命，稍一拖延，女子就会有生命危险。陈辉不顾个人安危和天气寒冷，只身跳入冰冷刺骨的河中，奋力游向落水女子将其头部举起，竭尽全力游回岸边，救助落水者上岸。

◑ 黄兆强

男，1978 年生人，中共党员，天津市静海区人，静海区沿庄镇政府村镇办科员。

2020 年荣获"天津市见义勇为先进个人"荣誉称号。

主要事迹

2019 年 6 月 29 日 9 时许，黄兆强途经静海区沿庄镇当滩头村南王口排干渠时，突然听到河边有呼救声，循着呼救声，发现一名儿童正在水里挣扎，岸上有几名儿童正在呼救，有的孩子还试图伸手拉救水里的孩子。见状后，黄兆强一边大声呼喊，警示岸上儿童远离河边，一边下水进行救助。他跳下水后抓住落水男孩并带到浅水处，当发现男孩没有任何反应后，黄兆强凭借在海军服役多年的经验，立刻实施急救，及时挽救了男孩的生命。

◐ 姜洪伟

男，1968 年生人，吉林省人，天津市 120 急救中心担架员。

2020 年荣获"天津市见义勇为先进个人"荣誉称号。

主要事迹

2019 年 7 月 6 日中午，天津市急救中心接到群众电话：和平区解放桥下有一名女子落水。接到急救中心指令，姜洪伟所在的春华街急救站 120 车队五名医护人员立即赶往现场。救护车到达解放桥，姜洪伟等人立即下车，按照围观群众所指方向望去，见解放桥下一落水者正在海河中挣扎，情况万分危急。姜洪伟冲到桥下，毫不犹豫的脱掉工装，跳入水中，奋力朝落水者游去。姜洪伟游到落水者身后，一只手紧紧揪住落水者后衣领，另一只手臂拨打河水，竭尽全力往岸边拖拽。游到岸边时，姜洪伟一手抱着落水者一手抓住栏杆，与闻讯赶到的公安民警、消防人员和其他 120 急救人员一起将已奄奄一息的落水者救到岸上，经过现场抢救落水者脱离生命危险。

◉ 杨荣伟

男，1998 年生人，河南省人，南开区大悦城阳光海天停车管理有限公司车管员。

◉ 王云平

男，1983 年生人，黑龙江省人，南开区大悦城阳光海天停车管理有限公司车管员。

◉ 李云红

男，1980 年生人，山西省人，南开区大悦城阳光海天停车管理有限公司车管员。

◉ 郭会峰

男，1981 年生人，黑龙江省人，南开区大悦城阳光海天停车管理有限公司车管员。

◑ 闫庆瑞

男，1989 年，河北省人，南开区大悦城阳光海天停车管理有限公司车管员。

杨荣伟群体，2020 年荣获"天津市见义勇为先进群体"荣誉称号。

主要事迹

2019 年 1 月 16 日 20 时 48 分许，南开大悦城接群众反映：地下 3 层存车场有一男子持枪状物向顾客索要钱财。商场立即组织人员查找可疑者，车管员郭会峰、李云红等人在排查中发现贾某某形迹可疑，便对其进行盘问。盘问中，贾某某见事情败露，便扬言要点燃包内爆炸物，并欲拽拉一名正经过此处的女顾客。闫庆瑞、王云平立即上前将女顾客拽离贾某某身边，并会同李云红、郭会峰、杨荣伟立即对其进行围控，保护女顾客安全。随后，杨荣伟抱住贾某某的脖子将其摔倒在地，其他四人合力摁住贾某某，夺下其手中的爆炸物、装有枪状物的随身挎包、打火机等物品，成功将该男子控制，后民警赶到现场将贾某某抓获。

现犯罪嫌疑人贾某某因犯抢劫罪、非法制造爆炸物品罪被南开区人民法院判处有期徒刑 6 年。

◑ 李忠军

男，1971 年，中共党员，天津市津南区人。

2020 年荣获"天津市见义勇为先进个人"荣誉称号。

主要事迹

2019 年 9 月 21 日 10 时许，李忠军在自家楼下遇到了一名被搀扶下楼的女子，浑身是伤，表情惊慌失措。经了解，得知其为 10 楼住户，室内发生了煤气爆燃。李忠军获知该情况后，立即冲上 10 楼，发现屋内火焰仍在燃烧，煤气爆燃很可能再次发生，李忠军毫不犹豫取来楼道里的灭火器冲入屋内，将室内明火扑灭，又进入厨房关闭了正在泄露的煤气罐，并将其搬到屋外，使火情得到了及时控制，避免了爆燃事件再次发生。

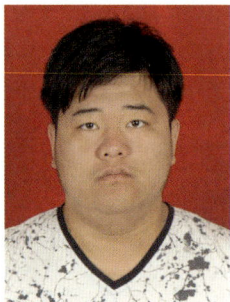

◉ 廉凯

男，1991 年生人，天津市宁河区人，公安宁河分局巡警支队二大队辅警。

2020 年荣获"天津市见义勇为先进个人"荣誉称号。

主要事迹

2019 年 3 月 12 日 16 时 50 分许，在宁河区 112 国道恒大御景小区附近，一辆货车车载集装箱突然失火，货车司机为了快速逃生，来不及将车停靠路边，滞留在 112 国道中间，造成了交通堵塞。由于火势极猛，整个车身被引燃，极有可能引发车辆爆炸，且附近为居民小区，一旦爆炸后果不堪设想，此时，辅警廉凯跟随民警正好驾车路过，看到火情，当机立断，迅速停车，一面拨打火警电话，一面取出车内灭火器，义无反顾的向燃烧的汽车冲去。廉凯冒着滚滚浓烟和熊熊大火，奋不顾身地靠近燃烧的汽车，在车辆极有可能爆炸的情况下，用灭火器进行灭火，最大限度的控制火情和火势的蔓延，直至消防人员赶到将火扑灭。

❶ 刘威

女，1990 年生人，山东省人，天津华思迈教育科技有限公司职员。

2020 年荣获"天津市见义勇为先进个人"荣誉称号，同年被评为"津城百姓英雄"。

主要事迹

2019 年 6 月 5 日 20 时 30 分许，刘威独自在家中，合租房屋的另一名女子王某某外出。王某某的前男友万某某携带一把水果刀来到刘威与王某某的住处，谎称自己给王某某送外卖。刘威表示王某某不在家，并通过微信提醒王某某注意安全。随后，在王某某回家时，遇到蹲守在门口的万某某，并被其用水果刀捅伤。听到王某某的呼救，刘威从厨房拿出菜刀打开房门，欲将王某某救进屋内，但万某某趁机窜至房间内，夺下刘威手中菜刀后持刀威胁。王某某趁机逃离现场。刘威在腰部被万某某用水果刀刺伤的情况下，奋力抵抗，趁其不备冲出屋外，并迅速拨打了报警电话。

● **刘秀红**

男，1970年生人，中共党员，天津市滨海新区人。

2020年荣获"天津市见义勇为模范"荣誉称号，同年被评为"津城百姓英雄"。

主要事迹

2019年8月24日，全国第十届残运会在我市开幕在即，当晚20时许，残疾人运动员刘秀红和同伴在海河沿岸散步时，看到大悲院码头附近的亲水平台处有一年轻女子和一名男孩落水。危急时刻，刘秀红不顾个人安危，也未多想自己左侧小臂截肢的困难，毅然跳进海河里游向离岸十米远的男孩，并用自己残疾的左臂托起了小男孩，游向岸边。在周围群众的帮助下，男孩被顺利救上岸。他不顾体力透支，又折返回去救起落水女子。在群众合力帮助下成功将其救上岸。精疲力竭的刘秀红也被群众拉上了岸边，在得知落水的母子二人平安无事后，随即带着聋哑同伴离开了现场了。后来通过热心群众提供线索，残运会组委会和见义勇为协会才得以找到这位身有残疾却勇于救人的英雄。

◐ 齐岳

男，1963 年生人，天津市南开区人，天津滨海高新技术产业开发区税务局干部。

◐ 吴青

女，1962 年生人，天津市南开区人。

◐ 姜学文

男，1982 年生人，黑龙江省人，天津市安保护卫押运服务有限公司保安员。

齐岳群体，2020 年荣获"天津市见义勇为先进群体"荣誉称号；齐岳荣获"天津市见义勇为先进个人"荣誉称号。

主要事迹

2019 年 6 月 1 日 18 时 30 分许，在南开区南开大学崇明桥西侧小道旁第一个斜坡处，有一名女子掉入水中，同行的一名男子下水去救人，因不熟悉水性，两人在河中奋力挣扎，却离岸边越来越远。途经崇明桥的吴青和齐岳发现后，齐岳赶忙跑到河边跳入水中救人，吴青由于不会游泳，便留在岸边报警。开车在崇明桥上等红灯的天津市国家安全局干警也发现该情况，立即靠边停车跑到河边，解下自己的皮带与齐岳一起下水救人。南开大学西南门岗亭站岗执勤的保安姜学文听到"有人掉水里"的呼喊，也立即拿着长竹竿赶至河边救人。姜学文赶到河边后，发现落水的男女在河里挣扎，齐岳和范津源游到河中心，拽住两名落水者游向岸边，姜学文、吴青和岸上的群众合力用长竹竿将四人拉上岸。

◐ 石文明

男，1958 年生人，天津市宝坻区人。

◐ 张井来

男，1956 年生人，天津市宝坻区人。

◐ 杨冬青

男，1972 年生人，天津市宝坻区人。

石文明群体，2020 年荣获"天津市见义勇为先进群体"荣誉称号。

主要事迹

2019 年 10 月 23 日 15 时许，宝坻区大口屯镇贾各庄村一乡村路上一辆货车忽然失控撞断桥面护栏坠入河内，车内人员被困。正在地里收白薯的石文明立即跑向事故地点，边跑边拨打 110 报警。跑到事发地后，看到小货车已车底朝上悬浮在水中，半个车身已经浸到水里，不断有气泡冒出，但一直未有人员钻出。石文明顿感情况紧急。同时，听到声响的村民张井来、杨冬青也紧跟着到达此地。危急时刻，石文明等三人不顾个人安危立即跳入河中，尝试各种方法将车门打开，拖出昏迷的司机。昏迷的司机苏醒后，嘴里不停地叫喊着："媳妇。"难道车内还有人员被困？三人毫不犹豫再次跳入水中，对车内进行搜寻。最终，确认车内没有其他人后返回岸上。

◑ 孙秀华

女，1965 年生人，天津市西青区人。

◑ 李云阁

女，1973 年生人，天津市西青区人。

孙秀华、李云阁，2020 年荣获"天津市见义勇为先进个人"荣誉称号，同年被评为"津城百姓英雄群体"。

主要事迹

2019 年 12 月 18 日 10 时许，在西青区辛口镇小沙窝村北田地间，犯罪嫌疑人于某因与被害人张某由于地界纠纷导致矛盾激化，遂产生报复杀人的念头，使用铁锹多次猛击张某头部，由于用力过猛，铁锹头儿被打飞，于某继续用手中的木棍击打张某。两人的吵闹声、张某的呼救声惊动了正在田间劳作的孙秀华、李云阁。情急之下，孙秀华不顾个人安危迅速上前阻止，用右手死死抱住正在施暴的于某头部，左手牢牢摁住于某拿着木棍的手。李云阁也冲上前帮忙阻拦。两人齐力夺下于某手中的木棍，并奋力将其控制住，并对于某进行规劝。于某最终自己拨打了 110 报警电话，并对犯罪事实供认不讳。

◐ 郑树华

男，1952年生人，天津市东丽区人。

2020年荣获"天津市见义勇为先进个人"荣誉称号。

主要事迹

2019年6月3日10时许，郑树华骑自行车经过外环河岸时，发现河对岸堤上有人边喊"救命"边向河里滑，瞬间落入水中。他连忙扔下自行车，跳入河中，游向落水女子，女子像抓住救命稻草似的死死地拽住郑树华不放手。郑树华感觉自己被拽得往河里坠，身体不受控制，情况十分危险。但他很快镇定下来，大声告诉该女子不要乱动，否则两人将一起坠入河底。落水女子闻声，冷静后不再乱动，郑树华拉着她往岸边游去，并在群众的帮助下将其救上岸。当得知河内还有落水女子后，郑树华想继续救人，但河水平静又浑浊，无法确定另一名落水女子位置，未能施救。

◉ 米永茂

男，1976 年生人，天津市宝坻区人。

2020 年荣获"天津市见义勇为先进个人"荣誉称号。

主要事迹

2019 年 9 月 15 日 17 时许，正在宝坻区王卜庄镇鄜羊口村村西水渠内钓鱼的米永茂，看见一辆白色的轿车突然扎进水里。车头在水中逐渐下沉，车内女子惊慌失措。米永茂立刻跳入水中游向汽车，到达汽车旁用力去拽车门，但车门根本打不开。车子在快速的下沉，车身的一半已经沉到水中。时间紧迫，米永茂抬起头，发现该车的天窗正开着，遂赶紧示意该女子从天窗爬出。女子身体爬出天窗的瞬间，米永茂一把拽住女子的手，拉至车外，并将其带到岸边，此时，车身已完全淹没在水中。

后 记

30 余年来，津沽大地涌现出了许多感天动地、可歌可泣的英雄模范、先进典型，他们为保护他人生命财产和维护天津社会治安秩序，用青春和生命、用智慧和勇气谱写了一曲曲壮丽的篇章，他们是时代的楷模，是我们学习的榜样。

在庆祝中国共产党成立 100 周年之际，天津市见义勇为协会组织编辑了《天津市见义勇为英雄谱》一书，力求最大限度地展示天津市见义勇为人员的精神风貌，以期通过英雄事迹展现天津市见义勇为人员的精神风采，进而折射出见义勇为精神对推进社会主义精神文明建设，维护社会和谐稳定的重要意义。本书在编选过程中得到了市公安局领导和本书编委会成员的鼎力支持和帮助。天津市见义勇为协会会长董平同志高度重视此项工作，秘书长荆茂奎同志具体主持文稿的收集、选择和编辑工作，市、区见义勇为协会工作人员做了大量资料收集和材料审订工作。在此，谨向所有关心、支援、帮助本书顺利完成的各级领导和同志们表示深深的谢意。

由于时间仓促、跨度较长，受表彰人员流动性大，书中难免有疏漏和差错，特别是事迹中一些地方撤县改区，一些单位名称改变甚至不复存在，为了尊重历史，我们在编辑整理过程中尽量使用当时的名称；对于内容模糊、记载不详的事迹，由于当事人过世或失去联系，也只能做大概描述，还请广大读者予以批评指正。

天津市见义勇为协会

2021 年 8 月